U1013692

文史哲素养提升系列丛书

# 中国古代文学题解

张笛……主编

第二版

CUCP
中国传媒大学出版社·北京·

**图书在版编目(CIP)数据**

中国古代文学题解/张笛主编. --2 版. -- 北京:中国传媒大学出版社,2024.12.

(文史哲素养提升系列丛书).

ISBN 978-7-5657-3836-4

Ⅰ.G634

中国国家版本馆 CIP 数据核字第 2024ZB9204 号

**中国古代文学题解(第二版)**

**ZHONGGUO GUDAI WENXUE TIJIE(DI-ER BAN)**

**主　　编** 张　笛
**策划编辑** 高卓毓
**责任编辑** 张　笛　赵　欣
**责任印制** 李志鹏
**封面设计** 拓美设计

**出版发行** 中国传媒大学出版社
**社　　址** 北京市朝阳区定福庄东街 1 号　　**邮　　编** 100024
**电　　话** 86-10-65450528　65450532　　**传　　真** 65779405
**网　　址** http://cucp.cuc.edu.cn
**经　　销** 全国新华书店

**印　　刷** 三河市东方印刷有限公司
**开　　本** 710mm×1000mm　1/16
**印　　张** 13.5
**字　　数** 250 千字
**版　　次** 2025 年 1 月第 2 版
**印　　次** 2025 年 1 月第 1 次印刷

**书　　号** ISBN 978-7-5657-3836-4/G·3836　　**定　　价** 49.00 元

**本社法律顾问:北京嘉润律师事务所　郭建平**

# 修订说明

本次修订一是将近年来有代表性的真题融入知识点之中，题干、答案准确，避免读者被网络上各种题干和解答所误导；二是标注复习重点，使读者更有针对性地进行掌握；三是增加题目讲解，新增考试技巧；四是部分章节增加思维导图，方便读者理清知识脉络。另外，该套丛书配备了电子题库，其中内容不定期更新，读者可根据需要进行练习。

编　者

2025 年 1 月

# 前　言

本套丛书适合戏剧影视导演、戏剧影视美术设计、播音与主持艺术、表演、摄影、电影学、文化创意与策划、影视摄影与制作、录音艺术、艺术与科技、漫画、动画、新媒体艺术、数字媒体艺术、音乐学、音乐表演、作曲与作曲技术理论、视觉传达设计等专业的学生作为参考用书，也特别适合希望在短时间内提升文史哲素养的读者阅读。

中国古代文学知识点繁多、考查范围广泛，学习有一定难度。为有效解决这一难题，方便读者全面掌握要点，本书将中国古代文学参考书的知识汇成一册，重点标记，清晰明了，有助于读者高效消化吸收知识点。具体而言，本书分为以下三个模块：

## 一、考点归纳模块——系统全面，权威专业

本书所讲知识系统有序、编排科学、简洁明了，方便读者依据自身情况查漏补缺。另外，本书精选了各大高校近年来中国古代文学考试常考考点，使读者能够知晓高频考点，从而使识记更有针对性。

## 二、课后习题模块——解答详细，条理清晰

本书对《中国古代文学通识读本》的课后习题进行了详细的解答，同时帮助读者进一步掌握相关知识点，了解其背后的意义和联系。

## 三、典型习题模块——实用性强，学以致用

典型习题模块使读者在识记知识点的同时能够趁热打铁，实现有效自测。值得一提的是，本书中的各类素材还能提升学生的基本素养和知识积累，对掌握其他专业知识也有一定的帮助。

由于组织策划的局限和时间仓促，加之编者水平有限，书中难免有疏漏之处，敬请广大读者批评指正，并提出宝贵意见。

编 者

2025年1月

# 目录

# 第一章 《诗经》和楚辞

## 第一部分 考点归纳

### 第一节 国风和雅颂

《诗经》是我国第一部诗歌总集，汇集了从西周初年（公元前11世纪）到春秋中叶（公元前7世纪）的五百多年间，流传下来的诗作305篇。

#### 一、诗六义 ★★★

诗六义，指风、雅、颂、赋、比、兴。具体如表1-1所示。

表1-1 诗六义

| 分类 | 主要描述 |
| --- | --- |
| 风 | 各国带有地方色彩的里巷歌谣之作，共160篇 |
| 雅 | 中原的正声，一般是士大夫的诗，共105篇 |
| 颂 | 朝廷宗庙的诗歌、舞诗，用于宗庙祭祀，共40篇 |
| 赋 | 直接铺陈叙述 |
| 比 | 用比喻而使形象生动或使意义更为明确 |
| 兴 | 借助其他事物引出所要歌咏的对象 |

#### 二、国风和雅颂的内容 ★★

1. 国风

国风共有十五国风，分为三类：

(1)描写周代的农事和奴隶生活,最有代表性的是《七月》《硕鼠》《伐檀》等篇。

(2)抒发战争和徭役给人民带来的痛苦,如《卫风·伯兮》《王风·君子于役》《豳风·东山》《秦风·无衣》等篇。

(3)表现男女相思之情,这类作品最多,如《溱洧》《狡童》《野有蔓草》《静女》《木瓜》等篇。

2. 雅诗

雅诗分《大雅》(31 篇)和《小雅》(74 篇)两类。

3. 颂诗

颂诗分《周颂》(31 篇)、《商颂》(5 篇)和《鲁颂》(4 篇)三类。

## 三、《诗经》的艺术特色和成就 ★★

《诗经》为我国古典诗歌确立了广泛反映社会现实的优良传统,在艺术方面也对后代产生了深远的影响。

(1)确立了我国诗歌以抒情为主的传统;

(2)创造了赋、比、兴的表现手法;

(3)全部能合乐歌唱;

(4)以四言为主;

(5)善用双声叠韵的联绵词和叠字。

**【真题回顾】**《诗经》常用赋比兴的手法。下列诗句中采用“比”的手法的是(　　)。

A. 采采芣苢,薄言采之。采采芣苢,薄言有之

B. 手如柔荑,肤如凝脂,领如蝤蛴,齿如瓠犀,螓首蛾眉

C. 七月流火,九月授衣。一之日觱发,二之日栗烈

D. 静女其姝,俟我于城隅。爱而不见,搔首踟蹰

**【答案】**B

# 第二节 屈原和《离骚》

## 一、楚辞的产生及其形式特点 ★★

1. 楚辞的产生

楚辞产生于战国后期，本来指屈原、宋玉等为代表的楚国人所作的诗歌，后刘向把这些作品以及汉代仿效屈原辞赋的作品编辑成书，定名为《楚辞》。

2. 楚辞的形式特点

(1)最突出的形式特点是几乎每句都用“兮”字，而且大部分放在句中作为节奏点，把一个句子分成上下对称的两节，用来加强节奏感；这与《诗经》“兮”字放在句尾不同。

(2)诗句变长，突破了《诗经》以二字节奏为基础的形式，将三字节奏作为基本的节奏音组。

## 二、屈原的思想和创作 ★★★

1. 屈原的思想

屈原，楚辞的创始人，我国第一个名载史传的伟大诗人。一生坚持理想、宁死不悔的崇高品格、寻求真理的智者精神，以及在被放逐后仍然热爱祖国的情怀，始终保持高洁的操守，使他的作品成为不朽的诗篇。

2. 屈原的创作

屈原的作品有《离骚》、《九歌》(11 篇)、《九章》(9 篇)、《天问》、《远游》、《卜居》、《渔父》等 25 篇。

## 三、《离骚》的思想内容和艺术成就 ★★★

1. 思想内容

《离骚》是屈原的代表作，全面表现了诗人革新政治的理想、追求真理的精神，以及他在斗争中的苦闷、不惜牺牲生命以殉其祖国的决心。“离骚”有遭遇忧愁和离别之忧两解。

2. 艺术成就

(1)《离骚》的内容纷繁复杂,将楚国的现实政治、前代兴亡治乱的教训、天上人间的神话传说、斑驳陆离的幻想世界交织在一起。既有雄奇瑰丽的场面描写,又有激昂深婉的抒情独白。

(2)《离骚》发展了《诗经》的比兴手法,使比兴变成有明确意义的象征。

## 四、《九章》《九歌》和《天问》★

1.《九章》

《九章》共 9 篇:《橘颂》《抽思》《哀郢》《涉江》《怀沙》《惜往日》《惜诵》《思美人》《悲回风》。大都是在屈原被疏远和放逐的处境中所作的,主题与《离骚》大体相同,但侧重在如实反映诗人的放逐生活以及当时的政治形势。

2.《九歌》

《九歌》共 11 篇:《东君》《东皇太一》《云中君》《大司命》《少司命》《河伯》《湘君》《湘夫人》《山鬼》《国殇》《礼魂》。大都是祭神娱神的歌曲,并配有舞蹈,富有戏剧性。

3.《天问》

《天问》是古代的一部兴亡史诗,共 188 句。采用问话体,突出了兴亡治乱的主题,内容分为两大部分:第一部分问有关天地宇宙的起源,第二部分问关于上古三代的历史。

**【真题回顾】**《离骚》是屈原的代表作,洋溢着浓郁的浪漫主义气息。下列说法不符合《离骚》这一特点的是(　　)。

A. 擅长叙述客观事物　　B. 擅用香草美人意象

C. 采用大量神话故事　　D. 主观感情色彩强烈

**【答案】** A

**【真题回顾】**《离骚》的"骚"一般理解为忧愁之意,以屈原为代表的诗人常常用诗歌表达心中的忧愁,形成中国文学中"发愤著书"的传统,下列诗句中,没有体现这一特点的是(　　)。

A. 何离心之可同兮?吾将远逝以自疏

B. 宁溘死以流亡兮,余不忍为此态也

C. 心犹豫而狐疑兮，欲自适而不可

D. 时不可兮骤得，聊逍遥兮容与

**【答案】**D

**【解析】**D项出自屈原的《九歌·湘夫人》，意思是美好的时光啊，不可多得，我姑且悠闲自得地徘徊游逛，表达的是主人公悠闲自由的情感与获得乐趣的快感，并非为抒发忧愁之感。

## 第二部分 课后习题详解

**1. 举例说明《诗经》赋、比、兴的基本表现特点。**

**答：**(1)赋，是"敷陈其事而直言之"，即直接铺陈叙述，如《诗经·卫风·氓》：

氓之蚩蚩，抱布贸丝。匪来贸丝，来即我谋。送子涉淇，至于顿丘。匪我愆期，子无良媒。将子无怒，秋以为期。

直接叙述西周时期的一个社会现实——谈婚论嫁。

(2)比，是"以彼物比此物也"，即用比喻而使形象生动或使意义更为明确。比如《小雅·大东》第一章：

维南有箕，不可以簸扬。维北有斗，不可以挹酒浆。

维南有箕，载翕其舌。维北有斗，西柄之揭。

以天上箕星和斗星的形状比喻"西人"对"东人"的搜刮。

(3)兴，是"先言他物以引起所咏之词"，即借助其他事物引出所要歌咏的对象。兴有时和所咏之词有意义上的联系，如《周南·关雎》：

关关雎鸠，在河之洲。窈窕淑女，君子好逑。

参差荇菜，左右流之。窈窕淑女，寤寐求之。

求之不得，寤寐思服。悠哉悠哉，辗转反侧。

参差荇菜，左右采之。窈窕淑女，琴瑟友之。

参差荇菜，左右芼之。窈窕淑女，钟鼓乐之。

这首诗写君子追求淑女以求结成佳偶，"关关"是雌雄雎鸠的和鸣声，作为起兴，含有比拟匹配的意思。荇菜是古人用作祭祀的一种水草，暗示淑女将成为举行祭礼时的主妇，在句中又是起兴。

**2.《离骚》表现了屈原什么样的精神品格?**

**答:**《离骚》是屈原的代表作,作于其被楚怀王疏远之时。它全面表现了诗人革新政治的理想、追求真理的精神,以及他在斗争中的苦闷、不惜牺牲生命以殉其祖国的决心。

诗中还斥责了那些“竞进以贪婪”“兴心而嫉妒”的小人,哀叹平时扶植的群贤临事而变节。尽管诗人的处境如此孤危,他却坚持效法前贤的原则,任凭群小谗毁,也不肯趋时媚俗,改变直行正道的立身原则。

全诗感情热烈深沉,场面波澜壮阔,辞藻精彩绝艳,完整地塑造了诗人坚持正义、热爱祖国、高尚峻洁、疾恶如仇的光辉形象。

# 第三部分 典型习题详解

## 一、选择题

1.《诗经》中民歌收录在哪个部分?(  )

A.《颂》 B.《风》 C.《大雅》 D.《小雅》

2.我国诗歌从民间集体歌唱到诗人独立创作阶段的标志性作品是(  )。

A.《楚辞》 B.《诗经》 C.《离骚》 D.《敕勒歌》

3.开创“楚辞”新诗体的伟大诗人是(  )。

A.庄子 B.宋玉 C.屈原 D.孔子

4.战国中后期,屈原根据民间祭祀歌所加工而成的作品是(  )。

A.《九章》 B.《九歌》 C.《天问》 D.《招魂》

5.中国古代最长的抒情诗是(  )。

A.《离骚》 B.《孔雀东南飞》 C.《木兰诗》 D.《诗经》

6.《九章》的体式基本属于(  )。

A.语录体 B.赋体 C.骚体 D.七体

7.下列叙述中正确的一项是(  )。

A.《诗经》是我国第一部诗歌总集,分为风、雅、颂三部分,其中,雅的内容主要是宗庙祭祀的诗歌

B.《曹刿论战》选自《左传》,《左传》传说是春秋时期左丘明所作,是根据鲁史写的编年体史书

C.《邹忌讽齐王纳谏》选自《战国策》,《战国策》是战国时期国别史汇编,也是一部历史散文总集,又称《国策》《国事》,由汉代邹忌编订,共 33 篇

D.《公输》选自《墨子・公输》。墨子名翟,相传为战国时期墨家学派的创始人,墨子的政治主张是“仁政”“非攻”

**【解析】**宗庙祭祀的诗歌主要出现在“颂”一类中;《战国策》为刘向编订;墨子的政治主张是“兼爱”“非攻”。

8.《楚辞・渔父》中,渔父曰:“圣人不凝滞于物,而能与世推移。”下列诗句最能表达此意的是(　　)。

A. 举世皆浊我独清,众人皆醉我独醒

B. 路漫漫其修远兮,吾将上下而求索

C. 沧浪之水清兮,可以濯吾缨;沧浪之水浊兮,可以濯吾足

D. 安能以皓皓之白,而蒙世俗之尘埃乎?

**【解析】**这句话的意思是,圣人不死板地对待事物,而能随着世道一起变化。

**【答案】**

1. B　2. A　3. C　4. B　5. A　6. C　7. B　8. C

## 二、填空题

1.《诗经》是我国第一部________;《世说新语》是我国第一部________;《说文解字》是我国第一部________;《尔雅》是我国第一部________。

2.《诗经》的风、雅、颂中,代表祭祀歌曲的是________。

3.“________,道阻且长;溯游从之,________”出自《诗经・秦风・蒹葭》。

4.《诗经》是中国最早的诗歌总集,共收录诗歌________篇,分为风、雅、________三大类,开创了我国现实主义诗歌传统。

5.“何处招魂?香草还生三户地;当年呵壁,湘流应识九歌心。”这是为纪念________所作的对联。

6. 中国第一首抒情长诗________是________的代表作之一。

7. ________是我国现实主义诗歌的源头,________是浪漫主义诗歌的源头。

8. 屈原创作的新体诗歌被后人称为________。

9. 伟大的浪漫主义诗人屈原的代表作是________,“路漫漫其修远兮,________________”是其中的名句。

**【答案】**

1.诗歌总集　笔记小说　字典　词典　2.颂　3.溯洄从之　宛在水中央　4.305　颂　5.屈原　6.《离骚》　屈原　7.《诗经》《楚辞》　8.楚辞　9.《离骚》　吾将上下而求索

## 三、名词解释

### 1.《诗经》六义

**答:**《诗经》六义是指"风、雅、颂"三种诗歌形式与"赋、比、兴"三种表现手法。"风"即国风,是各地的民歌;"雅"包括大雅和小雅,多数为公卿贵族所作,一般看作"正声";"颂"即祭祀和颂圣的乐曲,分为《周颂》《鲁颂》《商颂》,形式较为古板,诗歌语言也显得典雅沉重;"赋"是直接铺陈叙述,是基本的表现手法;"比"即比喻,明喻和暗喻均属此类;"兴"即起兴,是借助其他事物引出所要歌咏的对象。

### 2.楚辞

**答:**楚辞,有两个概念,本来指屈原、宋玉等为代表的楚国人所作的诗歌。汉成帝时,刘向把这些作品以及汉代仿效屈原辞赋的作家淮南小山、东方朔、王褒等人的作品加上自己写的《九叹》编辑成书,定名为《楚辞》,此后楚辞又成为一部诗歌总集的名称。

一般认为楚辞是在南方民歌基础上发展起来的一种全新的诗歌体裁。实际上,战国时期无论南北都出现了带有楚辞典型句式的歌谣,但没有成为完整的诗体。而楚辞成为一种诗体,则是因为屈原的创造。

### 3.《九歌》

**答:**《九歌》共11篇:《东君》《东皇太一》《云中君》《大司命》《少司命》《河伯》《湘君》《湘夫人》《山鬼》《国殇》《礼魂》,都是祭神的歌曲,并配有舞蹈,富有戏剧性。《九歌》中的神,大都是自然神,是大自然的人格化,但又富有人情味。同时因为每篇各祭祀一神,各篇风格因内容不同而呈现出很大的差异。如《东君》庄严富丽、《国殇》悲壮激烈、《山鬼》凄迷幽艳、《湘夫人》清丽淡远,等等,各异其趣。

# 第二章　先秦散文

## 第一部分　考点归纳

### 第一节　历史散文

#### 一、《尚书》★

《尚书》是我国最古老的散文，共58篇正文及一篇孔安国序，共59篇，58篇中有《虞书》5篇、《夏书》4篇、《商书》17篇、《周书》32篇。其中大部分被认为是先秦时代的作品。

《尚书》文风简洁典要，共六种文体：典，如《尧典》；谟，如《皋陶谟》；训，如《无逸》；诰，如《盘庚》；誓，如《秦誓》；命，如《文侯之命》。这“六体”后来成为提倡复古的古文家模仿的标准。

#### 二、《左传》★★

《左传》是《春秋左氏传》的简称，一般认为这是一部解释《春秋》的书。《春秋》是我国历史上第一部编年体史书，记载了鲁隐公元年到鲁哀公十四年（前722—前481）的历史。

《左传》是编年史，有很高的文学价值，特点是：

（1）善于剪裁错综复杂的史料，记事有条不紊，详略适当，主次分明，又能多方照应；

（2）描写战争的能力高超。

### 三、《国语》★★

《国语》是一部国别体著作，共 21 卷，共记周、鲁、齐、晋、郑、楚、吴、越八国的历史片段。

《国语》的文学成就总的来说不如《左传》，各篇文风很不一致，但总体语言比较质朴，而思想比较驳杂则是其明显的缺点。

### 四、《战国策》★★

《战国策》记载的是战国时期谋臣策士纵横捭阖的斗争及其有关的谋议策略，今存 33 篇，杂记西、东周及秦、楚、齐、赵、魏、韩、燕、宋、卫、中山等各国之事。

《战国策》的写作特色是：

(1)以写人为中心，描写人物绘声绘影，口吻毕肖，各具风姿；

(2)每篇结构都比较完整，情节曲折生动，章法布置严谨，已有后世历史小说的特色；

(3)语言辩丽恣肆，人物说话或辩论擅长夸张渲染，运用譬喻层层深入，锋芒毕露，发挥充分，很有说服力。

## 第二节　诸子散文

从春秋末期到战国末期，诸子著作的体裁有一个发展过程：语录体(《论语》《墨子》)→对话式论辩体(《孟子》《庄子》)→专题论文(《荀子》《韩非子》)。

### 一、孔子与《论语》★★★

孔子，名丘，字仲尼，儒家学派创始人。《论语》由孔子的弟子和后学辑录孔子的言行片段而成，是语录体，风格比较朴素简洁，共 20 篇，表达了孔子以“仁”为核心的思想主张。

《论语》的思想表述中往往闪耀着智慧的光芒，富有哲理的启示。

### 二、孟轲与《孟子》★★★

孟子，名轲。《孟子》是记载孟子言行的一部儒家经典，现存 7 篇，既保留了对话的形式，又有专题的论述。主要特点是文笔雄健，善于论辩，以气势见长。在说理中，又善于运用短小的寓言故事和生动的比喻。

### 三、荀况与《荀子》★★★

《荀子》的作者荀况，战国后期的大儒，学问渊博精深，逻辑思辨周到严密。《荀子》现存 32 篇，行文气魄宏大雄浑，能纵横古今，从天道人事到兴亡治乱，无所不包。其中《劝学篇》是后人传诵的名篇。

### 四、老子与《道德经》★★★

老子，姓李名耳，字聃，道家学派的创始人。其代表作《道德经》分“道经”三十七章、“德经”四十四章。老子的主要思想是“道”，也就是天地万物存在的本体，提出社会应当“绝智弃诈”“绝巧弃利”，反对巧智和争利，主张“小国寡民”“无为而治”。

### 五、庄周与《庄子》★★★

庄子，周、宋之蒙人，曾为蒙之漆园吏。庄子的思想方法的特点是否定，但否定不能解决问题，要解决问题又必须有所肯定，所以庄子否定时道理层出不穷，肯定时就只是悠谬之说、荒唐之言。《庄子》现存 33 篇，内篇 7、外篇 15、杂篇 11。《庄子》任自然的哲学、纵放的文风、奇诡的想象，打开了后世文心诗境的无限机窍，因而是诸子中文学影响最大的一部著作。

《庄子》一书中文学价值最高的代表作是《逍遥游》。《逍遥游》主要的写作特色是大量使用比喻，文中的逻辑关系是由大小比喻套叠在一起形成的。

### 六、墨家和法家代表作 ★★

墨子，名翟，鲁国人。《墨子》是墨子的后人学记载墨子言行之书，现存 53 篇，有语录、对话，每篇论题比《论语》集中。文字的主要特点是质朴无华。其中

《非攻》通过层层推理,论证攻战之不义;《兼爱》论治理天下,"不可以不劝爱人"的道理,说理都很明白,是代表墨子思想的名篇。

韩非,法家思想的代表人物。《韩非子》共 55 篇,主要特点是论述深刻严峻,都是论辩性、逻辑性很强的议论文。其中《五蠹》《说难》等尤为后人所熟知。

# 第二部分 课后习题详解

**1. 举例说明《左传》描写战争的特点。**

**答:**《左传》描写战争的能力高超。其特点是较少正面铺叙交战的场面,而是把重点放在战争前的准备、双方形势的对比等方面,自然显示出胜负的结局。如《曹刿论战》记载鲁庄公十年齐鲁长勺之战,弱小的鲁国战胜了强大的齐国。此书没有详述战争经过,而是把重点放在曹刿论战的思想和指挥战争的策略上。曹刿是一个无权无势的人,面临齐师入侵的危难,他挺身而出,为国出谋划策,表示了对统治者的鄙视。出战以前,他首先对庄公论述战争取胜的依据,逐步启发庄公认识到处理大小案件必须调查清楚、合乎情理,取得民心方可一战。在正式开战时,他要求军队养精蓄锐,在齐军三鼓、勇气衰落之时进兵,待看清敌军确实撤退之后才继续追击。这样就以曹刿为主线,清楚地交代了战争的经过,点出了鲁国以弱胜强的原因,并塑造出曹刿这一具有深谋远虑和实战经验的下层人物的丰满形象。

又如《秦晋崤之战》写秦国和晋国的战争,前面用大段笔墨渲染秦师必败的结局,写了几件事:一是蹇叔哭师,料定秦军不能回国。二是秦师过周北门时,表现轻率无礼,旁观的王孙满预言骄兵必败。三是郑国商人弦高犒劳秦师,机智地拖住秦国军队,使郑国有准备,驱逐秦国使者。说明郑国连商人都如此爱国,这个国家是不可攻破的。四是通过晋国大将原轸说出秦违背天意的必败结局。在预示这一结果的同时,也就分析了它失败的原因。而秦晋真正交战的经过只用几句话带过。最后一段写秦帅被俘逃回的经过,作为余波,点出晋襄公的失策和秦穆公能够引咎自责,也很耐人寻味。

当然,《左传》正面写战争也很精彩。像《齐晋鞌之战》写双方将帅在交战中的表现,晋国主将郤克受箭伤,血流到脚,未停止击鼓,但说了一声:"余病矣!”驾车人张侯和车后郑丘缓立刻用自己受伤和危险的情况激励他,只要伤不至死,就要坚持。三人的对话显示出晋军勇敢而坚韧不拔的精神,胜利自在必然。齐军虽然失败,但也有逄丑父这样的忠臣,能巧妙地让齐君逃脱,自己替代主公被俘。对于胜负双方的这些描写既有客观的褒贬,也能见出人物的性格。

**2.《战国策·邹忌讽齐王纳谏》对现代人有什么启发意义?**

**答:**《战国策·邹忌讽齐王纳谏》写齐国丞相邹忌因形貌伟丽,想与城北徐公比美而不自信,但妻妾客人都说徐公不如自己,待见到徐公后,觉得自己远不如徐公,“于是入朝,见威王曰:‘臣诚知不如徐公美,臣之妻私臣,臣之妾畏臣,臣之客欲有求于臣,皆以美于徐公。今齐地方千里,百二十城,宫妇左右莫不私王,朝廷之臣莫不畏王;四境之内莫不有求于王:由此观之,王之弊甚矣!’”齐王顿时领悟,立即下令广泛征求全国臣民的意见,改进政治。文章通过邹忌与妻妾和客人的三次问答以及仔细观察徐公的细节描写,生动地描绘出邹忌头脑冷静、实事求是的人物特征,借以说明当政者不能只听奉承赞美的假话,而要多听真话,及时改过,才能立于不败之地的真理。

在现代社会中,对于百姓的建议和疑问,官员要从问题的实际出发,倾听、参考和采纳人民的意见,及时改进制度和社会上的问题。

**3.试选若干语录说明《论语》对学者立德修身的教益。**

**答:**《论语》的思想表述中往往闪耀着智慧的光芒,富有哲理的启示,其中有许多关于学者立德修身的警句,如:“见贤思齐焉,见不贤而内自省也。”(《里仁》篇)指出与人相处,贤者值得自己学习,不贤者也有益于自省。“士不可以不弘毅,任重而道远。”(《泰伯》篇)士要担重任、行远道,就必须有宏大刚毅的精神。“君子食无求饱,居无求安。”(《学而》篇)君子志在学道,不应只知追求饱食安居。“知者不惑,仁者不忧,勇者不惧。”(《子罕》篇)智者心无所惑,仁者心无私忧,勇者心无惧怕。这些只言片语无不意味深长,不仅对学者立德修身大有裨益,而且对普通人的学习成长也很有帮助。

**4.《孟子》和《庄子》中的寓言在文章中起什么作用?试举例分析。**

**答:**(1)《孟子》的特点是文笔雄健,善于论辩,以气势见长,在说理中,又善于运用短小的寓言故事和生动的比喻。如“揠苗助长”和“齐人有一妻一妾”等。

这些寓言或用来阐释己见,或用来讽刺揭露,有时还有驳斥论敌的作用。

(2)《庄子》想象丰富、文笔恣肆、妙趣横生,有大量虚构寓言和神话故事,在诸子中文学价值最高。《庄子》常以寓言代替哲学观点的阐述,用比喻、象征的手法代替逻辑推理的论述,较少直接发表观点,表明态度,如在《逍遥游》中,庄子将一个接一个的比喻和寓言套叠使用,使读者只注意抽绎出来的概念是否一致,而不容易觉察概念产生的不同前提。这就是利用文学的比喻、寓言有其多义性的特点,让读者从奇特荒诞、生动形象的寓言故事中,去体味、领悟其中的哲理。而在论辩过程中,作者往往又表现出独特的思辨能力,如庖丁解牛喻实践之理、轮扁斫轮喻技艺之精、蜗角触蛮喻诸侯的战争等。

# 第三部分　典型习题详解

## 一、选择题

1. 中国第一部叙事详尽的编年体史书是(　　),标志着我国叙事散文的成熟。

A.《左传》　B.《史记》　C.《国语》　D.《战国策》

2. 下列说法错误的是(　　)。

A. 先秦文学作者经历了巫、史、贵族到士的流变。作者身份的多样性,使文学在体裁、题材、风格等方面显现出异彩纷呈的特性

B. 中国最初的诗歌是和音乐、舞蹈结合在一起的,大约在春秋以后,诗歌从乐舞中独立分化出来,专向文学意义方向发展

C. 被称为我国"记言、叙事文之祖"的分别是《春秋》和《左传》

D.《左传》全称是《春秋左氏传》,又名《左氏春秋》,《郑伯克段于鄢》出自此书

**【解析】**C项中我国记言、叙事文之祖的作品分别是《尚书》和《春秋》。《尚书》是我国第一部历史文集,以记言为主,是商周记言史料的汇编,包括《虞书》《夏书》《商书》《周书》四部分。《春秋》是我国第一部编年体史书,用于叙事的语言极为简练,被后人称为"春秋笔法""微言大义"。

3.《论语》中贯穿全文的思想是(　　)。

A. 仁　B. 义　C. 礼　D. 信

4. 儒家经典著作《论语》记载了(　　)的言行。

A. 孔子　　B. 孔子弟子

C. 孔子及其弟子　　D. 儒家学派的代表人物

5. "吾十有五而志于学,三十而立,四十而不惑,五十而知天命,六十而耳顺,七十而随心所欲,不逾矩"概括的是(　　)一生的经历及他做人、处事、做学问的经验。

A. 颜回　　B. 子路　　C. 孔丘　　D. 孟轲

6.《道德经》的作者是(　　)。

A. 墨子　　B. 孔子　　C. 老子　　D. 孟子

7. 孟子的"无以规矩,不成方圆"中的"规矩"是指(　　)。

A. 法律条文　　B. 美德善行

C. 圆规曲尺　　D. 伦理道德

8. "穷则独善其身,达则兼济天下"选自(　　)。

A.《论语》　　B.《大学》　　C.《孟子》　　D.《庄子》

**【解析】**"穷则独善其身,达则兼济天下"出自《孟子·尽心上》,原句为"穷则独善其身,达则兼善天下"。前半句表达了儒家的理想主义和入世精神,后半句显示出道家的豁达态度与出世境界。

9. "吾生也有涯,而知也无涯"出自(　　)。

A.《孔子》　　B.《孟子》　　C.《老子》　　D.《庄子》

10. (　　)经常用寓言故事来阐述自己的哲学观点。

A. 老子　　B. 庄子　　C. 荀子　　D. 孟子

**【解析】**庄子是道家学说的主要创始人,与老子并称为"老庄",代表作有《庄子》,名篇有《逍遥游》《齐物论》等。他用生动形象而幽默诡异的寓言故事来阐述自己"天人合一"和"清静无为"的思想。

11.《庖丁解牛》《东施效颦》等寓言故事出自(　　)。

A.《韩非子》　　B.《庄子》　　C.《周易》　　D.《孙子兵法》

12. "君子之交淡如水,小人之交甘若醴。"这句话出自(　　)。

A.《管子》　　B.《韩非子》　　C.《庄子》　　C.《荀子》

13. "青出于蓝,而胜于蓝"出自(　　)。

A.《老子》　　B.《庄子》　　C.《荀子》　　D.《论语》

14. 先秦诸子中法家的代表人物是(　　)。

A. 韩非子　　B. 荀子　　C. 庄子　　D. 老子

15. 成语"守株待兔""滥竽充数"出自(　　)。

A.《孟子》　　B.《老子》　　C.《庄子》　　D.《韩非子》

**【解析】**"守株待兔"出自《韩非子·五蠹》,"滥竽充数"出自《韩非子·内储说上》。此外,"吹毛求疵""病入骨髓""兵不厌诈""道不拾遗"等成语均出自《韩非子》。

16. 四书五经是儒家思想的代表作品,其中的四书是(　　)。

A.《易经》《大学》《论语》《中庸》　B.《尔雅》《礼记》《孝经》《论语》

C.《诗经》《尚书》《论语》《孟子》　D.《论语》《孟子》《大学》《中庸》

**【答案】**

1. A　2. C　3. A　4. C　5. C　6. C　7. C　8. C　9. D　10. B　11. B　12. C　13. C　14. A　15. D　16. D

## 二、填空题

1. 先秦散文主要分为________与诸子散文。

2. ________是商周时代记言史料的汇编,包括《虞书》《夏书》《商书》《周书》四部分。其文字古奥迂涩,唐代韩愈在《进学解》中称之为"周诰殷盘,佶屈聱牙"。

3. 我国最早的编年体史书是________,记载了从鲁隐公到鲁哀公,历十二代君主,计二百四十四年的史事。计事虽然简略,但一字寓褒贬。

4. 被称为先秦散文"叙事之最",并且标志着我国叙事散文的成熟的著作是________。

5.《烛之武退秦师》《曹刿论战》选自________。我国第一部叙事详尽的编年史著作,相传是一位叫________的史官所作。

6. 成语典故"亡羊补牢"出自________。

7. 我国最早的国别体史书是________,又名《春秋外传》。

8. 孔子名________,字________,________是记录孔子言行的著作。

9. 孔子是我国________学派的创始人,思想核心是________。

10. ________,来者犹可追。(《论语》)

11. "天下皆知美为美,斯是恶"出自________。

12.“五十步笑百步”的典故出自________，作者是________，他提出“民为贵，社稷次之，________”的主张。

13.《揠苗助长》出自 ________。

14.在中国古代哲学家中，主张“性善论”的是________，主张“性恶论”的是________。

15.先秦诸子百家中唯物主义者是________。

16.“天行有常，不以尧存，不以桀亡。”出自《________·天论》。

17.“骐骥一跃，不能十步，________，________”出自________。

18.墨子是________家学派的创始人，主张“________”“________”，希望人们互助友爱，反对侵略战争，支持正义战争。

19.春秋至战国时期的诸子百家中主要有以孔孟为代表的儒家，以老庄为代表的________，以韩非子为代表的________等。

20. ________文论崇尚自然，反对人为，提倡“虚静”“物化”和“得意忘言”。

21.“道法自然”是________阐述的主题思想，也是作者的思想精华。

22.“游刃有余”“庖丁解牛”等成语出自《庄子》中的________，文章反映了庄子顺应自然的哲学思想。

23.《逍遥游》的作者是________。

24. ____强调“法治”，提出君主专制中央集权的理论，被秦始皇所采用，是______学派代表人物。其著作是________。

**【答案】**

1. 历史散文　2.《尚书》　3.《春秋》　4.《左传》　5.《左传》　左丘明　6.《战国策》　7.《国语》　8.丘　仲尼　《论语》　9.儒家　仁　10.往者不可谏　11.《道德经》　12.《孟子·梁惠王上》　孟子　君为轻　13.《孟子·公孙丑上》　14.孟子　荀子　15.荀子　16.荀子　17.驽马十驾　功在不舍　《劝学》　18.墨　兼爱　非攻　19.道家　法家　20.庄子　21.《道德经》　22.《养生主》　23.庄子　24.韩非子　法家　《韩非子》

## 三、名词解释

**1.《论语》**

**答：**《论语》是儒家学派的经典著作之一，为语录体作品，由孔子的弟子和后学辑录孔子的言行片段而成。《论语》的语言风格比较朴素简洁,共20篇,集中体现了孔子的政治主张、伦理思想、道德观念及教育原则等。

**2.诸子散文**

**答:**诸子散文指的是战国时期各个学派的著作,反映不同学派的思想倾向、政治主张和哲学观点。春秋战国时期,“百家竞作,九流并起”,各种思想流派的代表人物纷纷著书立说,宣传自己的社会政治主张。它们是在先秦理性精神觉醒的背景下和百家争鸣的学术氛围中形成并繁荣起来的。在这一时期比较重要的有儒、法、道、墨四家,发展大体上经历了春秋战国之交、战国中期、战国末期三个阶段。

## 四、简答题

**《孟子》中“得道者多助,失道者寡助。寡助之至,亲戚畔之,多助之至,天下顺之”的含义是什么?**

**答:**拥有道义的君主,帮助支持他的人就多;失去道义的君主,帮助支持他的人就少。帮助他的人少到了极点,亲戚都要背叛他;帮助他的人多到了极点,天下人都愿归顺于他。

孟子说的“得道”和“失道”的人,不是指普通的个人,而是指一国之君。一国之君既是战争的总指挥,也是政治的领袖。孟子通过论述战争的胜负,引出了“得道多助,失道寡助”的观点,虽然天时、地利对战争有一定影响,但真正起决定作用的因素是“人”。“民心向背”才是决定战争胜负的关键。而取得民心的方式就是“得道”,就是实行仁政德政,伸张正义,主持公道,以德服人,不靠暴力或权术。其实,对各个层级的管理者来说,人心向背都是至关重要的:正义的事业必定能得到众多的拥护和支持,践踏正义的人必然会众叛亲离。故天时不如地利,地利不如人和,君子当施行仁政,民心所向,天下才会顺之。

# 第三章　汉赋和汉诗

## 第一部分　考点归纳

### 第一节　汉赋

#### 一、汉赋的产生 ★

赋的原意指直接铺陈的一种表现手法。宋玉的《风赋》，贾谊的《鹏鸟赋》《吊屈原赋》、枚乘的《七发》，都是这一阶段的代表作。

#### 二、汉赋的主要特点及代表作 ★★

1. 汉赋的主要特点

内容上极力铺写宫苑、都城的富丽繁华；歌颂祖先和皇帝的功德；夸示贵族社会祭祀的隆盛和田猎、宴饮的欢乐，最后提出不要过度享受的告诫，被称为"劝百讽一"。

表现上，铺彩摛文，体物写志，铺张扬厉，夸饰瑰丽，想象丰富，大量堆砌繁富艰深的词语，体现了汉代崇尚雄浑气魄和厚重力量的审美观。

2. 两汉大赋的主要代表作

司马相如的《子虚赋》《上林赋》《长门赋》，扬雄的《甘泉赋》《羽猎赋》《解嘲》、班固的《两都赋》、张衡的《二京赋》等。

东汉大量创作京都赋和咏物赋，到后期抒情小赋开始增多，名篇有张衡的《归田赋》、赵壹的《刺世疾邪赋》。

## 第二节 汉乐府

### 一、乐府的由来 ★

乐府本来是音乐机关的名称,后来指乐府官署采集、创作的乐歌,而成为一种诗体的名称。汉乐府主要保存在鼓吹曲辞、相和歌辞、杂曲歌辞三类中。

### 二、汉乐府的内容 ★★

(1)汉乐府有相当一部分是统治者为了观察民间风俗而采集的,因此不少来自民间歌谣,能反映社会现实问题。

(2)对于人生问题的探索:不少作品反映了人们对人生的醒觉和思考。其中一些关于生活经验的总结,包含着朴素简明的人生哲理。

(3)其他内容:汉乐府里有极少量的情歌,最好的两首《上邪》《有所思》都见于西汉时期的杂言乐府《铙歌十八曲》。

### 三、汉乐府的艺术特点 ★★

(1)从体裁看,汉乐府作品主要有杂言和五言两种。

(2)汉乐府中有相当一部分是叙事诗,但并不追求故事的完整性,也不求展示事件发生发展的广阔背景,而只是对人物的语言、行动略加勾勒,通过一个场景来概括某一类社会现象。

(3)风格朴实无华、绝去雕饰,想象浪漫奇特而又天真稚拙。

## 第三节 汉末文人五言诗

### 一、文人五言诗的形成 ★

现存最早的文人五言诗,一般都认为是东汉班固的《咏史》。大约到东汉后期,才出现不少有署名和无名氏的五言诗。它们学习乐府的风格和表现手法,在艺术上逐渐成熟。其中受乐府影响最明显的是辛延年的《羽林郎》。

## 二、"苏李诗" ★

梁代萧统《昭明文选》中收入署名为苏武的四首五言诗以及署名为李陵的三首五言诗，一般称为"苏李诗"。

## 三、古诗十九首 ★★

梁代萧统的《昭明文选》将十九首风味相同的古诗编在一起，冠以"古诗十九首"的标题，这些诗便成为东汉后期无名氏五言诗的代表作。

1. 古诗十九首的思想内容

分为两类：一类是抒写游子怀乡、闺人怨别之情；一类是抒发人生如寄、人情冷暖之叹。

2. 古诗十九首的艺术成就

(1)古诗十九首的抒情往往反复重叠，淋漓尽致，而又自有含蓄不尽的韵味；

(2)创造性地吸取了《诗经》善用叠字的表现艺术；

(3)多用比兴，变化多端。

## 四、汉代其他五言古诗 ★★

除了"苏李诗"和古诗十九首以外，散见于《文选》《玉台新咏》的古诗还有不少。

如果说汉乐府开创了我国诗歌杂言、五言体的源头，那么汉代文人五言诗则初步奠定了后代文人五言诗的基础，并以其独特的艺术成就确立了五言诗学习的楷模。

**【真题回顾】**《行行重行行》："行行重行行，与君生别离。相去万余里，各在天一涯。道路阻且长，会面安可知。胡马依北风，越鸟巢南枝。相去日已远，衣带日已缓。浮云蔽白日，游子不顾返。思君令人老，岁月忽已晚。弃捐勿复道，努力加餐饭。"下列诗句中，与"胡马依北风，越鸟巢南枝"句意相近的是(　　)。

A. 牧人驱犊返，猎马带禽归　　B. 松下问童子，言师采药去

C. 清筝向明月，半夜春风来　　D. 谁言寸草心，报得三春晖

**【答案】**A

**【真题回顾】**对上题中《行行重行行》的主旨,理解正确的是(　　)。

A. 在外的游子对故乡以及亲人的思念

B. 远行在外的游子对自己功业理想的追求

C. 主人公远游在外,久难归还,思乡情切

D. 主人公思念远游在外、久不归还的亲人

**【答案】**D

**【真题回顾】**下列汉代诗歌中,属于由文人创作的一项是(　　)。

A. 上邪,我欲与君相知,长命无绝衰

B. 冉冉孤生竹,结根泰山阿。与君为新婚,菟丝附女萝

C. 江南可采莲,莲叶何田田,鱼戏莲叶间。鱼戏莲叶东,鱼戏莲叶西

D. 里中有啼儿,似类亲父子。回车问啼儿,慷慨不可止

**【答案】**B

**【解析】**A 项是两汉佚名所作的《上邪》;B 项《冉冉孤生竹》是产生于汉代的一首文人五言诗,是古诗十九首之一;C 项两汉的《江南》为汉乐府诗;D 项为《乐府古辞·上留田行》。

# 第二部分　课后习题详解

**1. 怎样理解汉乐府的思想内容?**

**答:**(1)汉乐府有相当一部分是统治者为了观察民间风俗而采集的,因此不少来自民间歌谣,能反映社会现实问题。汉乐府的采集有明确目的,主要是为了考察地方郡守的政绩,体现统治者“存问耆老鳏寡孤独失职之民”的思想,所以汉乐府对社会问题的反映主要表现在发现家庭问题和刺美郡县吏治这两方面。

(2)对于人生问题的探索:汉乐府中有不少作品反映了人们对人生的醒觉和思考。其中一些关于生活经验的总结,包含着朴素简明的人生哲理。

(3)汉乐府里有极少量的情歌,最好的两首《上邪》《有所思》都见于西汉时期的杂言乐府《铙歌十八曲》。

除此以外,汉乐府中还有写上层社会生活的,有赞美妇女能干的,还有的出

自乐工的创作，只是为了娱乐贵族而用，并无深意。

**2. 古诗十九首有什么艺术特点?**

**答:**(1)古诗十九首的抒情往往反复重叠，淋漓尽致，而又自有含蓄不尽的韵味。

(2)创造性地吸取了《诗经》善用叠字的表现艺术。《诗经》叠字多用在后半句，而古诗十九首则多用在前半句。由于每句音节加长，兼用叠字，使得象声、绘色、状形、摹态无不逼真，更增添了古诗辞婉意浓的情味。

(3)多用比兴，变化多端。古诗十九首善于化用《诗经》《离骚》现成的意境，并融入相应的景物描绘，从而大大丰富和发展了比兴的表现力。

# 第三部分　典型习题详解

## 一、选择题

1. 真正创立汉赋体制的是(　　)。

A. 贾谊　　B. 枚乘　　C. 司马相如　　D. 班固

**【解析】**汉赋形成于汉初，贾谊首开汉赋之先风，其代表作为《吊屈原赋》和《鹏鸟赋》。但是真正创立汉赋体制的是汉初辞赋大家枚乘，《七发》是枚乘的代表作，起到了承前启后的作用。

2. "子虚乌有"出自(　　)。

A.《上林赋》　　B.《子虚赋》　　C.《两都赋》　　D.《归田赋》

**【解析】**子虚和乌有是汉代司马相如写的《子虚赋》里虚构的人物，这两个人名都是借托的，"子虚"是虚假不实的意思，"乌有"是幻想、不存在的意思。后来人们就把虚假的、不真实的或是不存在的事情，叫作"子虚乌有"。

3. 班固所作《两都赋》涉及的两个都城是(　　)。

A. 长安、洛阳　　B. 西安、南京

C. 南京、洛阳　　D. 安阳、太原

**【解析】**《两都赋》是东汉文学家、史学家班固创作的大赋，分《西都赋》《东都赋》两篇。据其自序，自东汉建都洛阳后，"西土耆老"希望仍以长安为首都，因作此赋以驳之。

4. 东汉辞赋家张衡在(　　)表明自己坚决弃官归田的决心。

A.《东京赋》　B.《西京赋》　C.《归田赋》　D.《思玄赋》

**【解析】**《归田赋》是东汉辞赋家张衡的代表作之一。它形象地描绘了田园山林和谐欢快、神和气清的景色,反映了作者悠闲自得的心情,表达了作者道家思想的超脱精神,同时也表明了他弃官归田的决心。

5. 代表汉代五言诗最高成就的是(　　)。

A.《咏史》　B.《同声歌》　C.《赠妇诗》　D. 古诗十九首

6.《涉江采芙蓉》是产生于汉代的文人五言诗。下列对诗句相关词语的解释,不正确的是(　　)。

A. 涉江采芙蓉,兰泽多芳草。芙蓉:荷花的别名

B. 采之欲遗谁,所思在远道。遗:遗留的意思

C. 还顾望旧乡,长路漫浩浩。还顾:回顾,回头看

D. 同心而离居,忧伤以终老。终老:度过晚年直至去世

**【解析】**"遗"在古文中的常见意义有遗留、赠予、遗漏、放弃等,从"采之"来看此句中"遗"应为赠予。考生应注意识记古文中常见动词的意义,尤其是和今义有所区别的字词。如闻(听见、知道)、走(跑)、害(嫉妒)、输(缴纳贡品、税赋)、少(批评、轻视)等。

**【答案】**

1. B　2. B　3. A　4. C　5. D　6. B

## 二、填空题

1. 西汉著名辞赋家________被后人称为"赋圣",其主要作品有《子虚赋》《上林赋》《长门赋》等。

2. 汉赋分为骚体赋、________和小赋。

3. ________是汉代最具有代表性的一种文学样式。

4. 劝诫贵族子弟不要过分沉溺于安逸享乐的讽喻性辞赋是________,它也是汉大赋的发端之作。

5. 汉大赋在结构上常采用________的形式。

6. 鲁迅在《汉文学史纲要》指出"武帝时文人,赋莫若________,文莫若司马迁。"

7. 东汉最早的完整五言诗是班固的《________》。

8. 刘勰《文心雕龙》评________为“五言之冠冕”。

**【答案】**

1. 司马相如 2. 大赋 3. 汉赋 4.《七发》 5. 主客问答 6. 司马相如 7. 咏史 8. 古诗十九首

## 三、名词解释

### 汉赋

**答:**汉赋是在汉朝涌现出的一种有韵的散文,它的特点是散韵结合,专事铺叙,兼具诗歌和散文的性质。内容上富丽繁华,篇制宏富,劝百讽一;表现上铺彩摛文,体物写志。赋是汉代最流行的文体,后世往往把它看作汉代文学的代表。汉赋的代表人物有贾谊、枚乘、司马相如、扬雄等。

## 四、简答题

### 1. 汉乐府有什么艺术特点?

**答:**(1)从体裁看,汉乐府作品主要有杂言和五言两种。

(2)汉乐府中有相当一部分是叙事诗,但并不追求故事的完整性,也不求展示事件发生发展的广阔背景,而只是对人物的语言、行动略加勾勒,通过一个场景来概括某一类社会现象。

(3)风格朴实无华、绝去雕饰,想象浪漫奇特而又天真稚拙,如采莲诗的始祖《江南》。

### 2. 简述古诗十九首

**答:**梁代萧统将十九首风味相同的古诗编在一起,收入《昭明文选》中,冠以“古诗十九首”的标题。其主要内容一是闺人怨别、游子怀乡,二是抒发人生如寄、人情冷暖之叹。

古诗十九首代表了汉代文人五言诗的最高成就,深刻再现了文人在汉末社会思想大转变时期,心灵的觉醒与痛苦,充满着感伤和忧虑,其中的名篇有《行行重行行》《迢迢牵牛星》等。

# 第四章　两汉散文

## 第一部分　考点归纳

### 第一节　贾谊和两汉政论文

#### 一、两汉政论文 ★

两汉散文主要包含政论文和史传文两大类。

西汉的政论文最著名的有贾谊《过秦论》、晁错《论贵粟疏》、桓宽《盐铁论》等；东汉的政论文最著名的有王符《潜夫论》、仲长统《昌言》、王充《论衡》等。汉代以后的作者效法秦汉之文，主要以贾谊、晁错写作的政论文为典范。

#### 二、贾谊和《过秦论》 ★★

贾谊是西汉杰出的政治家，其《过秦论》共三篇，主要观点是批评秦朝的过失，是西汉讨论政权兴亡得失的第一篇重要政论。文章指出秦灭亡的原因在于“仁义不施”，并通过分析秦灭亡的原因，提出夺取政权时要“高诈力”，即运用机诈和武力，而巩固政权时便要“贵顺权”，即顺从形势和民心。

### 第二节　司马迁和《史记》

#### 一、司马迁和《史记》的写作 ★★★

1. 司马迁

司马迁，西汉武帝时人，大约在公元前 93 年，完成了《史记》的写作。

2.《史记》的写作

《史记》包括本纪、表、书、世家、列传共130篇："本纪"专记帝王的事迹；"表"是各历史时期简单的大事记；"书"是分别叙述天文、历法、水利、经济、文化等发展和现状的文献；"世家"记贵族侯王的历史；"列传"是不同类型、不同阶层人物的传记。

《史记》有文学价值的部分主要是人物传记。它们展开了广阔的社会生活画面，流露出作者自己遭受迫害的孤愤，表现了卓越的政治见解、对现实和历史的批判精神，以及高度的概括历史事件的能力。

### 二、《史记》的文学成就 ★★★

《史记》在刻画人物方面取得了极高的成就，主要有以下特点：

(1)在坚持历史真实的原则下，着重选取最重要的、能够表现人物性格特征的材料，抓住主要事件，具体细致地描写人物的活动；

(2)善于通过一些细节琐事来烘托人物性格；

(3)善于把人物放在激烈的矛盾冲突中来表现，使历史事件充满故事的趣味性和情节的曲折性。

《史记》倾注了作者的爱憎和激情，其中写得最好的一些人物往往是司马迁着力歌颂的正直贤明的英雄才杰，所以被后世称为"史家之绝唱，无韵之离骚"。

## 第三节　班固和《汉书》

### 一、班固和《汉书》的写作 ★

班固(32—92)，字孟坚。年轻时入洛阳太学，博览群书。开始私撰《汉书》，后为人控告私改国史，被捕入狱。弟班超上书为他解释，汉明帝读了《汉书》初稿后，十分赞赏，召他为兰台内史。此后班固继续编著《汉书》，经过二十余年努力，书稿基本完成，后因事牵连入狱死，时年61岁。《汉书》中一部分"志""表"在他死后由妹妹班昭续成。

《汉书》是我国古代第一部纪传体断代史，有12本纪、8表、10志、70列传，共100篇。

### 二、《汉书》的文学特色 ★★

从文学的角度将《汉书》和《史记》加以比较,有三点不同:

(1)《汉书》的文风儒雅典正;《史记》则饱含感情,多慷慨之气;

(2)《汉书》笔法工整严密;《史记》奇特多变,不拘一格;

(3)《汉书》多藻饰,倾向排偶骈俪;《史记》采用当时语言兼取口语,多散体。

《史记》和《汉书》对于后代文学的影响很大。它们不但开创了中国史书的纪传体和纪传文学,创造出规模宏伟的以人物为中心的纪传体,而且为后代的小说戏曲提供了丰富的题材。许多历史人物也成为诗词中常用的典故。唐宋至明清凡是提倡古文者,更是莫不以这两部史书为典范。

# 第二部分　课后习题详解

**1.联系司马迁的《报任安书》和《屈原列传》,说说他发愤写作《史记》的原因。**

**答:**司马迁在《报任安书》里说过"屈原放逐,乃赋《离骚》",类似的遭遇正是他写作《史记》的动力,从他在《屈原列传》中对《离骚》的评价也可看出《史记》中寄托的思想感情。这种"疾痛惨怛"也正是司马迁创作《史记》的心情。接着,司马迁分别从内容上称述了《离骚》举历代君王以刺时事的全面性,阐明崇高道德和兴亡缘由的重要性;从写作艺术上赞美《离骚》的简练深微和条理性,以及用词举例能由小见大、由近见远的概括性,并特别指出,《离骚》能取得这样的成就是因为屈原志趣高洁,行为端正。这种志向使屈原能超脱世俗,远离尘埃,出淤泥而不染,可与日月争光。作者不但对《离骚》作出了极高的评价,而且透露出对屈原的无限同情和敬仰。

司马迁在《报任安书》里以无比激愤的心情诉说自己内心的屈辱和痛苦,揭露封建统治者对豪俊之士的残忍无情,并以历代命运坎坷而终成大业的杰出人物激励自己,决心完成历史著作以传于后世。

**2.举例说明《史记》描写人物的特点。**

**答:**《史记》在刻画人物方面取得了极高的成就,主要有以下特点:

(1)在坚持历史真实的原则下,着重选取最重要的、能够表现人物性格特征的材料，抓住主要事件，具体细致地描写人物的活动。例如，写项羽英雄末路的境况，非常凄楚悲壮。但作者突出了项羽在重重包围下奋力突围、勇敢战斗的气概，明明是困兽犹斗，作者却把他写得所向披靡，丝毫没有败将的颓唐。

(2)善于通过一些细节琐事来烘托人物性格。例如，写李广有一次出猎，见草间石头，以为是老虎，一箭射去，箭镞竟然没入石中，可见其勇力过人。

(3)善于把人物放在激烈的矛盾冲突中来表现，使历史事件充满故事的趣味性和情节的曲折性。例如蔺相如完璧归赵的故事。

# 第三部分　典型习题详解

## 一、选择题

1.《过秦论》的作者是(　　)。

A. 贾谊　　B. 刘安　　C. 班固　　D. 司马迁

2. 司马迁编订史书《史记》的主要时间是在下列哪位皇帝执政时期？(　　)

A. 汉武帝　　B. 汉文帝　　C. 汉景帝　　D. 汉献帝

3.《史记》全书共(　　)篇，被鲁迅誉为“史家之绝唱，无韵之离骚”。

A. 七十　　B. 一百　　C. 一百三十　　D. 一百六十

4.《史记》中的“世家”是给什么人作的传？(　　)

A. 皇帝　　B. 诸侯王　　C. 贵族　　D. 重臣

5. “一字千金”这一典故出自(　　)。

A.《吕氏春秋》　　B.《史记》　　C.《春秋》　　D.《左传》

**【解析】**“一字千金”出自《史记·吕不韦列传》：“布咸阳市门，悬千金其上，延诸侯游士宾客有能增损一字者予千金。”

6. 我国第一部纪传体通史是(　　)。

A.《资治通鉴》　　B.《左传》　　C.《史记》　　D.《国语》

**【解析】**A 项《资治通鉴》是我国历史上第一部编年体通史；B 项《左传》是我国现存第一部叙事详细的编年体史书；D 项《国语》是我国第一部国别体史书。

7. 我国第一部纪传体断代史是(　　)。

A.《左传》　　B.《史记》　　C.《汉书》　　D.《后汉书》

8.《苏武传》出自(　　)。

A.《汉书》　　B.《史记》　　C.《三国志》　　D.《后汉书》

**【解析】**《苏武传》出自《汉书·李广苏建传》。苏武父名苏建,因军功封侯,苏武的传记附在他的传后。作品略写苏武出使匈奴、归汉等,而对卫律、李陵劝降以及苏武卧雪牧羊进行重点详写,典故"鸿雁传书"出自《苏武传》。

**【答案】**

1. A　2. A　3. C　4. B　5. B　6. C　7. C　8. A

## 二、填空题

1. 西汉辞赋家贾谊在________中总结了秦亡的教训,鲜明地提出了"仁义不施而攻守之势异也"这一论点。

2. __________是我国第一部纪传体史书,鲁迅称之为"史家之绝唱,无韵之离骚"。

3. 司马迁在《廉颇蔺相如列传》中主要写了"________""渑池会"和"________"三个故事。

4. "刎颈之交""布衣之交"出自哪部作品? ____________。

5.《鸿门宴》《霸王别姬》选自司马迁的《________》。

6. 司马迁,字子长,与__________并称"史界两司马",与__________并称"班马"。

7. 中国古代具有很高史学和文学价值的三部史书是《史记》、________ 和《后汉书》。

8. ________由中国东汉时期的历史学家班固编辑,是中国第一部纪传体断代史。

**【答案】**

1.《过秦论》　2.《史记》　3. 完璧归赵　负荆请罪　4.《史记》　5. 史记·项羽本纪　6. 司马光　班固　7.《汉书》　8.《汉书》

## 三、名词解释

**《过秦论》**

**答:**《过秦论》分上、中、下三篇,作者是西汉杰出的政治家贾谊。文章的主要观点是批评秦朝的过失，是西汉讨论政权兴亡得失的第一篇重要政论。文章指出秦统一六国之后不久，便被陈涉带领的数百戍卒推翻，原因就在于“仁义不施”；并通过分析秦灭亡的原因，提出夺取政权时要“高诈力”，即运用机诈和武力，而巩固政权时要“贵顺权”，即顺从形势和民心。全文用一连串排比对偶句式和散句相间，大气磅礴，文采斐然，尤其是夸大前后对比以突出论点的章法，对唐宋古文家深有启发。

## 四、简答题

**简述《汉书》的文章风格。**

**答：**《汉书》的文章风格如下：

(1)儒雅典正。《汉书》多收录各种经术文章和辞赋，倾向于文献的保存，崇尚辞藻，语言儒雅典正。

(2)工整严密。《汉书》笔法工整细致，组织严密，颇具雍雅之风。

(3)多藻饰，倾向排偶骈俪。《汉书》以史料丰富、闻见博洽著称，“整齐一代之书，文赡事详，要非后世史官所能及”。受汉赋影响，《汉书》语言倾向排偶骈俪，形成了博赡弘丽的文风。

《汉书》是继《史记》之后我国古代又一部重要史书。与口语化的《史记》相比，《汉书》的语言儒雅典正，多用排偶，遣词造句典雅远奥。《汉书》奠定了修正史的编例，中国纪史的方式自《汉书》以后，历代都仿照它的体例。

# 第五章　魏晋南北朝诗歌

## 第一部分　考点归纳

### 第一节　建安风骨和三曹七子 ★★★

#### 一、建安风骨 ★★★

建安风骨，是指建安时期的文学在内容上主要反映社会的动乱和人民的苦难，抒发统一天下的理想和壮志，寻求人生的永恒价值；在艺术风格上则体现为浑厚、刚健、质朴的特色和慷慨悲凉的情调。

#### 二、“三曹” ★★

文学史上的“三曹”指曹操、曹丕和曹植。

1. 曹操

曹操，字孟德。他凭借政治地位广泛搜罗文士，形成了“彬彬之盛，大备于时”的建安文坛盛况。诗歌作品有《蒿里行》《苦寒行》《却东西门行》《短歌行》《步出夏门行》等，著名的散文代表作是《述志令》。曹操的诗歌大都直道本心，质朴苍凉，表现出率真的鲜明个性和豪迈劲健、笼盖一世的气概。

2. 曹丕

曹丕，字子桓，曹操的次子。《与吴质书》《又与吴质书》是其两篇有名的抒情散文。他著有一部学术专著《典论》(现存较完整的是《自叙》和《论文》两篇，后者是最早的当代文学评论)。曹丕的代表作《燕歌行》是现存最早最完整的七言诗。曹丕的政治远见与才能不及其父，其诗风格清隽婉约。

3. 曹植

曹植，字子建，曹操的第三子，著有《曹子建集》。

早期作品分为三类：第一类是反映与兄弟、僚属们游乐生活的，如《斗鸡诗》等；第二类是抒发报国立功的理想的，如《白马篇》等；第三类是反映战乱现实的，如《送应氏》二首。后期作品则表现出他竭力挣脱牢笼、不甘向迫害低头的铮铮傲骨，以及执着地追求理想、与命运抗争的顽强精神，形成了悲愤哀怨的基调，如《赠白马王彪》《野田黄雀行》等。

曹植善用比兴抒发情感，同时注重对偶、声律和雕琢辞藻，讲究声色和意境的描绘，在五言诗从朴实无华的民歌转向文质彬彬的文人诗发展阶段中，作出了巨大贡献。

### 三、建安七子和蔡琰 ★

1. 建安七子

建安七子指孔融、陈琳、王粲、徐干、刘桢、阮瑀、应玚七人，其中诗歌成就较高的作品是王粲的《登楼赋》《七哀诗》、陈琳的《饮马长城窟行》和刘桢的《赠从弟》。

2. 蔡琰

蔡琰，蔡邕的女儿，字文姬，博学多才，精通音律。现存题为蔡琰作的诗仅三首：《悲愤诗》五言、骚体各一首和《胡笳十八拍》一首。

建安乐府中《古诗为焦仲卿妻作》，是我国民间优秀的长篇五言叙事诗。诗歌通过刘兰芝、焦母、焦仲卿三人的大段对话推进情节，塑造了我国文学史上第一位具有斗争精神的妇女形象。

## 第二节　从阮籍到西晋诗歌

### 一、阮籍与正始诗歌 ★★★

以齐王曹芳登基改年号为正始(240)起，到司马炎以晋代魏(265)为止的时期在文学史上通常被称为正始时期。同时，魏晋玄学也在这一时期兴起。所谓玄学就是以老庄思想为主导,糅和易学形成的一种哲学。

这一时期出现了“竹林七贤”,即嵇康、阮籍、山涛、向秀、刘伶、阮咸、王戎。其中阮籍和嵇康是正始时期的重要诗人。

阮籍,字嗣宗,有《阮步兵集》,其诗作大体有三类内容:

(1)用典故和比兴隐喻曹爽集团失败的原因以及司马氏阴谋篡权的形势;

(2)讥讽礼法之士和势利小人的丑恶;

(3)抒发忧生之嗟。

嵇康,字叔夜,其诗歌主题和阮籍类似,但是他的诗比较枯燥,说理成分太多。嵇康的主要成就在于四言诗。

阮籍和嵇康围绕在艰难时世中如何保住气节的问题、各种关于人生道路的问题进行探索,大胆地以老庄的“自然”思想否定封建礼法,对当时的秩序和社会风气进行揭露和抨击。

**【真题回顾】**阮籍《咏怀·其一》:“嘉树下成蹊,东园桃与李。秋风吹飞藿,零落从此始。繁华有憔悴,堂上生荆杞。驱马舍之去,去上西山趾。一身不自保,何况恋妻子?凝霜被野草,岁暮亦云已。”对诗中“嘉树下成蹊,东园桃与李。秋风吹飞藿,零落从此始”两句,理解不正确的是(　　)。

A. 借自然之景物,表达人世的艰辛与生命的脆弱

B. 从春天到秋天,自然界的生命从繁华走向凋零

C. 借自然景物的盛衰,表达了归隐山林的快乐

D. 首句是由“桃李不言,下自成蹊”演化而来的

**【答案】**C

## 二、西晋诗歌 ★

西晋时期著名的诗人有傅玄、张华和三张(张载、张协、张亢)、二陆(陆机、陆云)、两潘(潘岳、潘尼)、左思等。这一时期诗歌最重要的贡献是对题材的开拓,其次是在艺术上更讲究对偶、修辞、剪裁等,对事物和景物的描绘比前代更加细致。最有风骨的诗人是左思和刘琨。

## 第三节　陶渊明与田园诗

陶渊明，字元亮，作品有《归去来辞》《靖节先生集》。

### 一、陶渊明隐居的意义 ★★★

陶渊明被称为"隐逸诗人之宗"，其实他的隐逸具有深刻批判社会现实的积极意义：

(1)早年有建功立业的理想，后来坚持归隐，主要是出于对封建社会的彻底否定。

(2)在很多诗歌中真诚地袒露了自己在坚守"固穷节"的过程中所经历的思想斗争，最终他所追求的"道"使他坚定了安贫的信念。

(3)在田园坚持躬耕自给，而且在《劝农》诗里批评东晋士族好逸恶劳的风气，也对鄙视农稼的儒家观念委婉地表示了自己的不同见解。

(4)提出了"桃花源"的社会理想。

### 二、陶诗的艺术成就 ★★★

陶渊明在诗歌史上的主要贡献是开创了田园诗的题材，其追求真朴自然的审美理想、平淡天然的语言风格为后代的田园诗确立了极高的艺术标准。其艺术成就主要包括：

(1)平淡的风格和澄明的意境。

(2)比兴的人格化。

(3)对于四言诗和五言咏怀组诗的创造性贡献。

**【真题回顾】**陶渊明《读山海经·其一》中有言："孟夏草木长，绕屋树扶疏。众鸟欣有托，吾亦爱吾庐。既耕亦已种，时还读我书。穷巷隔深辙，颇回故人车。欢言酌春酒，摘我园中蔬。微雨从东来，好风与之俱。泛览《周王传》，流观《山海》图。俯仰终宇宙，不乐复何如?"与"微雨从东来，好风与之俱"句意最相近的是(　　)。

A. 种豆南山下，草盛豆苗稀　　B. 山气日夕佳，飞鸟相与还

C. 问君何能尔，心远地自偏　　D. 相思则披衣，言笑无厌时

**【答案】**B

**【真题回顾】**慷慨悲凉是建安文学的典型风格，下列选项中，没有此体现的是(　　)。

A. 久在樊笼里，复得返自然　　B. 愿飞安得翼，欲济河无梁

C. 慨当以慷，忧思难忘　　D. 饮马长城窟，水寒伤马骨

**【答案】**A

**【解析】**“久在樊笼里，复得返自然”出自陶渊明的《归园田居·其一》，诗句描写了诗人归隐后的生活和感受，抒发了作者辞官归隐后的愉快心情和乡居乐趣。

**【真题回顾】**陶渊明《归园田居·其三》：“种豆南山下，草盛豆苗稀。晨兴理荒秽，带月荷锄归。道狭草木长，夕露沾我衣。衣沾不足惜，但使愿无违。”下列对诗意理解正确的是(　　)。

A. 诗歌描写了归隐田园的生活，表现了劳动的艰辛

B. 诗人不在意生活的艰苦，而在意对自由的坚守

C. 诗歌旨在描写田园风光的美丽和田园生活的美好

D. 诗歌描写了田园的一日，流露出劳而无获的失意

**【答案】**B

**【解析】**对诗意的理解，首先要基于对作者思想意志的理解。陶渊明早年有建功立业的理想，后来由于黑暗的社会现实，他转而追求心灵的自由。

## 第四节　谢灵运与山水诗

### 一、山水诗的产生 ★★

山水诗成为一种独立的题材是在晋末宋初，东晋士大夫南渡之后，生活在风景优美的江南，这是山水诗产生的现实基础；当时社会流行的玄学清谈以“自然之道”为主题，促使山水诗画的产生。谢灵运是第一个大力写作山水诗的作家，著有《谢康乐集》。

### 二、谢灵运山水诗的艺术特色 ★★★

(1)善于用精工富丽的语言细致刻画自然景物的形貌特征。

(2)其诗歌的典型结构是按游览顺序,面面俱到地刻画一路观赏的景物,形成上句写山、下句写水的公式。同时,通过章法的铺垫,烘托某些印象深刻的景物,形成突出在全篇之中的名句,最后以玄言结束。

谢灵运对唐代山水诗具有深远的影响。

## 第五节　鲍照和七言乐府

### 一、鲍照和他的时代 ★

鲍照,著有《鲍参军集》,与谢灵运、颜延之三位大作家被称为"元嘉三大家"。

### 二、鲍照对诗歌史的贡献 ★★

(1)大力恢复汉魏古诗抒情言志的传统,并复活了建安诗人的少年豪侠意气和建功立业的精神,开创了边塞诗。

(2)接续在东晋中断一百年之久的乐府诗创作传统,大量创作文人拟乐府诗,尤其对杂言乐府诗和七言乐府诗的转型有重大贡献。

鲍照的代表作《拟行路难》是一组以五七言或七言为主的乐府诗。杜甫称赞李白说:"清新庾开府,俊逸鲍参军。"可见李白风格亦受到鲍照的影响。

## 第六节　永明体和齐梁诗

### 一、永明体 ★

南齐武帝永明年间(483—494),在沈约的倡导下,谢朓、王融等将诗歌音律和排偶对仗的形式结合起来,形成了一种新的诗体——永明体,又称为新体诗。这就是我国格律诗的开端。

永明体只讲究五言诗两句十字之内的音韵配合,篇制也没有固定。到初唐沈佺期、宋之问时,律诗才完全定型。

### 二、齐梁诗 ★

齐梁时期的诗人众多,个人风格不突出,但都追求新巧的构思和清丽的辞采。语言从晋宋之交的凝重生涩转为平易流畅、清新自然,使诗风为之一变。

齐梁诗题材大体以三类为主:

(1)山水诗,以南齐谢朓成就为最高,他开始将诗人的感情融入景物。

(2)闺怨诗,以描写女子的情态和姿貌为主。

(3)咏物诗。

## 第七节　庾信与北朝诗

### 一、庾信的由南入北 ★

庾信,前期和父亲庾肩吾是梁朝著名宫廷诗人,和徐摛、徐陵父子以风格绮靡、构思新巧的诗赋骈文名噪一时,时称“徐庾体”。

### 二、庾信后期诗的特点 ★★

庾信后期诗里充满着深切的亡国之痛和乡关之思。他以南朝讲究声色、长于骈俪用典的技巧描写北方雄壮肃杀的战争气氛和萧疏开阔的边地景色,形成了苍凉悲壮的风格,代表作为《拟咏怀》27 首。

# 第二部分　课后习题详解

**1. 试述建安风骨在曹操《短歌行》中的体现。**

**答:**建安风骨指建安时期的文学在内容上主要反映社会的动乱和人民的苦难,抒发统一天下的理想和壮志,寻求人生的永恒价值;在艺术风格上则体现为浑厚、刚健、质朴的特色和慷慨悲凉的情调。曹操的《短歌行》表现了他的雄心壮志和积极进取的精神。

这是一首用于宴会的歌辞,诗人将一片渴望贤才归附共图大业的深情写得淋漓尽致,既像是内心的沉吟独白,又像是对满座嘉宾倾诉衷肠。慷慨沉郁的歌声中，交织着人生苦短的浩叹、功业未成的忧思、故旧相聚的契阔之感，以及天下归心的坚定信念。思绪若断若连，节奏低昂往复，同时将比兴和典故穿插交错，与抒情写景融为一体。“青青子衿”和“呦呦鹿鸣”两段，既是用《诗经·郑风·子衿》和《诗经·小雅·鹿鸣》的成句暗寄思贤礼贤的心事，又正合眼前欢宴宾朋、鼓瑟吹笙的实景。在明月星空下绕枝择木的乌鹊，当是夜宴时偶见，又令诗人联想到当此群雄并起之时，天下贤才尚未择定归宿，成就功业全在争取人心的归向。全诗吸取《诗经》一唱三叹、重叠往复的章法，又有五言诗朴素的情韵，这就大大丰富了四言体的表现力。

**2.如何评价陶渊明的隐逸?**

**答:**陶渊明被称为“隐逸诗人之宗”，其实他的隐逸具有深刻批判社会现实的积极意义：

(1)早年有建功立业的理想，后来坚持归隐，主要是出于对封建社会的彻底否定。

(2)在很多诗歌中真诚地袒露了自己在坚守“固穷节”的过程中所经历的思想斗争，最终他所追求的“道”使他坚定了安贫的信念。

(3)在田园坚持躬耕自给，而且在《劝农》诗里批评东晋士族好逸恶劳的风气，也对鄙视农稼的儒家观念委婉地表示了自己的不同见解。

(4)提出了“桃花源”的社会理想。

**3.谢灵运的山水诗有什么特点?**

**答:**谢灵运的山水诗在艺术上有很多开创，其主要特点有以下几方面。

(1)善于用精工富丽的语言细致刻画自然景物的形貌特征。

(2)其诗歌的典型结构是按游览顺序，面面俱到地刻画一路观赏的景物，形成上句写山、下句写水的公式。同时，通过章法的铺垫，烘托某些印象深刻的景物，形成突出在全篇之中的名句，最后以玄言结束。

**4.鲍照对七言乐府诗的发展有什么贡献?**

**答:**鲍照接续在东晋中断一百年之久的乐府诗创作传统，大量创作文人拟乐府诗，遍尝三言、七言、五言乐府诗的各种体式，尤其对杂言乐府诗和七言乐府诗的转型有重大贡献。

鲍照的代表作《拟行路难》是一组以五七言或七言为主的乐府诗。七言诗从曹丕《燕歌行》以后，一直延续着句句押韵的体式。鲍照将部分杂言诗中的七言句变成了隔句用韵，还探索了句句韵和隔句韵交替组合的多种方式。

鲍照诗歌风格多样，但他的乐府诗大多数平易直白。他那乘时进取的精神、不甘沉沦的傲气、俊逸遒丽的诗风，尤为盛唐诗人所乐于接受。

# 第三部分　典型习题详解

## 一、选择题

1. 魏晋时期，建安七子是当时文学的代表人物，下列属于建安七子的是(　　)。

A. 嵇康　　B. 曹植　　C. 山涛　　D. 孔融

2. 我国文学史上，著名的“三曹”指的是曹操、曹植和(　　)。

A. 曹彰　　B. 曹丕　　C. 曹冲　　D. 曹仁

3. “三曹”所处的文学时代被称为(　　)。

A. 正始　　B. 两晋　　C. 太康　　D. 建安

4. 曹植的代表作是(　　)。

A.《燕歌行》　　B.《短歌行》　　C.《洛神赋》　　D.《秋声赋》

5. 诗句“何以解忧，唯有杜康”中的“杜康”是指(　　)。

A. 史书　　B. 兵器　　C. 珠宝　　D. 美酒

6. 我国现存第一首成熟的七言诗是曹丕的(　　)。

A.《燕歌行》　　B.《蒿里行》　　C.《董逃行》　　D.《短歌行》

7. (　　)的诗歌完成了乐府民歌向文人诗的转变。

A. 曹植　　B. 司马相如　　C. 蔡琰　　D. 陈子昂

8. 下列不属于“竹林七贤”的是(　　)。

A. 山涛　　B. 嵇康　　C. 阮瑀　　D. 王戎

9. “采菊东篱下，悠然见南山”出自陶渊明的(　　)。

A.《归去来兮辞》　　B.《桃花源记》

C.《饮酒》　　D.《归园田居》

10. 我国文学史上第一个大量创作山水诗的诗人是(　　)。

A. 孟浩然　　B. 谢朓　　C. 陶渊明　　D. 谢灵运

**【解析】**中国文学史上第一个大量创作山水诗的诗人是谢灵运，谢朓继谢灵运之后，把山水描写转向宦游中所见的平常景物，开始将诗人的感情融入景物。

11. 谢灵运是中国山水诗的开创者，他常以时间为顺序，展开景物的描写。下列描写不以时间为序的是（　　）。

A. 羁心积秋晨，晨积展游眺。孤客伤逝湍，徒旅苦奔峭。石浅水潺湲，日落山照曜

B. 朝搴苑中兰，畏彼霜下歇。暝还云际宿，弄此石上月。鸟鸣识夜栖，木落知风发

C. 洲岛骤回合，圻岸屡崩奔。乘月听哀狖，浥露馥芳荪。春晚绿野秀，岩高白云屯

D. 朝旦发阳崖，景落憩阴峰。舍舟眺迥渚，停策倚茂松。侧径既窈窕，环洲亦玲珑

**【解析】**选项中字词比较复杂，不必逐字逐句翻译，抓住关键词即可。A 选项中“晨”“日落”，B 选项中“朝”“夜”，D 选项中“朝旦”“景落”均体现了时间顺序，C 未体现。

12. 阮籍《咏怀·其三十二》：“朝阳不再盛，白日忽西幽。去此若俯仰，如何似九秋。人生若尘露，天道邈悠悠。齐景升丘山，涕泗纷交流。孔圣临长川，惜逝忽若浮。去者余不及，来者吾不留。愿登太华山，上与松子游。渔父知世患，乘流泛轻舟。”关于此诗，以下表述不正确的是（　　）。

A. 全诗抒写了对时光飞逝、生命苦短的深切感受和归隐山林的心情

B. 诗人将强烈的人生感受化为冷峻的语言形式，表达了严肃的生命主题

C. 同样是面对自然，齐景公、孔子触目伤怀，赤松子、渔父却逍遥自在

D. 这里运用了运用对比、用典手法，强化“去者余不及，来者吾不留”的主题

**【解析】**许多诗人喜欢创作组诗，考试可能抽取不同组诗进行分析，考生应该掌握作者的基本创作思想、创作形式、语言风格，并结合起来进行作答。阮籍是竹林七贤之一，原本他在政治上有济世之志，但面对魏晋时期政治极端黑暗的现实，他感到世事已不可为，于是采取不涉是非、明哲保身的态度，或闭门读书，或登山临水，或酣醉不醒，以此逃避现实的残酷。

13. 以下有关“建安风骨”说法不正确的是（　　）。

A. “建安风骨”是指以建安时期的“三曹”“七子”和女诗人蔡琰为代表，继

承了汉乐府民歌的浪漫主义精神、普遍采用七言形式创作的文学风格

B.“建安风骨”主要强调文学的遒劲风骨,并使文章有慷慨悲凉的阳刚之气

C.其内涵主要有政治理想的高昂、人生的短暂、强烈的个性表现和浓郁的悲剧色彩

D.“建安风骨”一改前朝的浮靡柔弱诗风

**【解析】**“建安风骨”主要是继承汉乐府民歌的现实主义传统,反映了动乱时期现实生活和人民的苦难,而非浪漫主义精神,并且普遍采用的是五言形式。

**【答案】**

1.D 2.B 3.D 4.C 5.D 6.A 7.A 8.C 9.C 10.D 11.C 12.B 13.A

## 二、填空题

1.南北朝齐永明年间,形成了一种新的诗体,文学史上称________。

2.“________”是对建安时期以“三曹”(曹操、曹丕、曹植)为代表的雄健深沉、慷慨悲凉的诗歌风貌的概括。

3.嵇康的《与山巨源绝交书》中的“山巨源”指________。

4.阮籍的________开创了中国文学史上政治抒情组诗的先河。

5.《洛神赋》《七步诗》《白马篇》的作者是________。

6.“煮豆燃豆萁,豆在釜中泣。本是同根生,__________。”这是________写的《七步诗》。

7.由曹丕创作的我国诗歌史上最早的一首完整的七言诗是__________。

8.提出了“文以气为主”的著名论断的是曹丕的________。

9.“老骥伏枥,志在千里”是________的作品________中的名句。

10.魏正始年间,________、________、山涛、向秀、刘伶、王戎及阮咸七人常聚在当时的山阳县竹林之下,喝酒、纵歌,肆意酣畅,世谓“竹林七贤”。

11.陶渊明自号________先生,是中国文学史上第一位________诗人,“________,桃李罗堂前”描写了淳朴、幽美的田园风光。

12.“不为五斗米折腰”指的是东晋田园诗人________。

13.陶渊明表现理想世界的作品是________。

14.被钟嵘在《诗品》中称为“隐逸诗人之宗”的东晋诗人是________。

15.“蓬莱文章建安骨，中间小谢又清发”两句中的“小谢”是指________。

**【答案】**

1.永明体　2.建安风骨　3.山涛　4.《咏怀诗》　5.曹植　6.相煎何太急　曹植　7.《燕歌行》　8.《典论·论文》　9.曹操　《龟虽寿》　10.嵇康　阮籍　11.五柳　山水田园派　榆柳荫后檐　12.陶渊明　13.《桃花源记》　14.陶渊明　15.谢朓

## 三、名词解释

### 1.《咏怀诗》82首

**答：**《咏怀诗》82首为阮籍的诗作，集中表现了他对万物盛衰的思考以及探寻处世方法的彷徨。主要内容是用典故和比兴隐喻曹爽集团失败的原因以及司马氏阴谋篡权的形势，讥讽礼法之士和势利小人的丑恶，以及抒发忧生之嗟。这些诗大量运用象征比兴，思绪恍惚玄远，寓意隐晦曲折，形成了高远清丽而又沉重阴晦的独特风格。

### 2.元嘉三大家

**答：**刘宋文帝元嘉时期，鲍照、谢灵运、颜延之三位大作家被称为“元嘉三大家”。

### 3.竹林七贤

**答：**竹林七贤是魏晋间文士嵇康、阮籍、山涛、向秀、阮咸、王戎、刘伶七人的合称。因常在当时的山阳县竹林之下喝酒、纵歌，肆意酣畅，世谓“竹林七贤”。其中，阮籍、嵇康的文学成就最高。竹林七贤的作品多采用比兴、象征、神话等手法，隐晦曲折地表达自己的思想感情。他们对诗、赋、散文的发展都作出了一定的贡献。

### 4.《拟咏怀》27首

**答：**《拟咏怀》27首为庾信所作。他以史诗的规模，将咏史、述怀、用典、写景、比兴等多种手法结合起来，通过回顾自己一生的遭遇，描绘出一幅幅浸渍着血泪的时代画卷，真切地表现出诗人面热心寒的精神状态。

## 四、简答题

**1.简述“三曹”的作品及其文学成就。**

**答:**“三曹”指的是魏汉时期曹操与其子曹丕、曹植的统称。

(1)曹操的诗,现存二十余首,都是乐府诗,曹操诗较多描写他本人的政治主张和统一天下的雄心壮志,于悲凉之中多慷慨之气。曹操是建安文坛的领袖,他不仅以自己的创作开风气之先,影响了一代诗风,而且通过对文学的倡导,为建安文学的繁荣和发展作出了贡献。

(2)曹丕的诗歌多抒发个人情感,情思纤丽;语言工丽绮练,艺术形式丰富;善于描写男女爱情和游子思妇题材,风格清丽婉丽,低回哀怨。他的《燕歌行》通体用七言,标志着规范的七言诗体的正式形成,对后代歌行体诗的发展产生了重大的影响。此外,曹丕的《典论·论文》是中国历史上第一部文学理论专著,对中国文学批评的发展有重要贡献。

(3)曹植前期诗歌主要是抒发他的理想和抱负,洋溢着乐观、浪漫的情调,对前途充满信心。后期诗歌主要是表达由理想与现实的矛盾所激起的悲愤。曹植是第一位大力写作五言诗的文人,大大丰富了五言诗的表现功能,为五言诗的发展奠定了坚实基础。

“三曹”不但是建安文学的代表作家,而且是建安文学的领袖人物,他们对中国文学的发展作出了重要贡献。

**2.试分析陶渊明山水田园诗的创作特征。**

**答:**陶渊明的山水田园诗通过描写田园景物的恬美、田园生活的淳朴,表现了诗人悠然自得的心境。其诗整体风格平淡自然,亲切真挚,笔法清新,以情化理,以理入情,达到了哲理性与形象性的统一。陶渊明山水田园诗的创作特征具体表现为:

(1)以平常景、寻常事入诗。

陶渊明的诗内容均为自己的亲身见闻和感受,诗中的生活场景又为人们习见,如村舍、鸡犬、桑麻、豆苗、耕种、风雨等。他的诗选择了这些具有典型意义的景物和事物,并且通过朴素的语言,直率自然地抒写出来,艺术地再现了诗人的生活和理想,好像是从“胸中自然流出”,没有一点斧凿痕迹。陶渊明刻画田园山水,不追求华丽的语言与表面的形似,而是随意点染,文字清新质朴,犹如山里田间拂面的清风，清新自然而有无尽的神韵。

(2)率真隽永的感情。

陶诗的真正魅力和感人之处，在于它所蕴含的率真隽永的思想感情。“陶渊明的作品之所以流传千古而不衰，乃主要以情取胜。清淡自然的诗句中，洋溢着直率真切的思想感情。”陶诗景物寻常，语言浅近朴素，以白描手法勾勒，意境看似平淡如水，但细细品味，字里行间无不饱含浓烈的率真感情。

(3)情、景、理的融合。

陶渊明在山水田园诗中，善于寓情于理，把自己对人生、现实的深刻认识形象化，把诗情与哲理、与景物紧密结合起来，给人以清新自然、毫不枯燥的感觉。诗中情、景、理水乳交融，互相渗透，互相衬托，无论从哪个角度欣赏，都能领略到不同的奇趣，都能享受到无尽的美。如《饮酒・其五》，陶渊明通过对美好的田园风光的描绘、自然纯真的田园生活的歌颂，表达了其对官场黑暗的极端厌恶和对美好田园生活的深深向往。

# 第六章　南北朝乐府民歌

## 第一部分　考点归纳

### 第一节　南朝乐府民歌

#### 一、南朝乐府民歌的种类和内容 ★

南朝乐府民歌产生的时代在晋宋之交,其种类和内容如表 6-1 所示。

表 6-1　南朝乐府民歌的种类和内容

| 种类 | 首数 | 内容 |
| --- | --- | --- |
| 吴声歌 | 326 首 | 曲子题目较少,每题包括的曲辞大多为几十首,主要产生于首都建业一带 |
| 西曲歌 | 142 首 | 曲子题目较多,曲辞不如吴声歌集中,主要产生于荆、郢、樊、邓之间,也就是今湖北江陵、襄樊一带 |
| 神弦歌 | 18 首 | 祭神的歌曲 |

南朝乐府民歌大多写男女相思求爱失欢之情,主题较单一,在反映社会问题的深度和广度上不及汉乐府。

#### 二、南朝乐府民歌的艺术特色 ★★

(1)大多用口语和唱和的形式,声调发自心口,因而语言明快生动,风格清新自然。

(2)大量使用双关隐语,有同音同字和同音异字两类。

南朝乐府民歌中最长的诗是《西洲曲》，在艺术上代表着南朝乐府民歌的最高成就。

**【真题回顾】**《子夜四时歌》借四季之景抒发内心情感，下列诗句中属于夏季景色的一项的是（　　）。

A. 寒鸟依高树，枯林鸣悲风　　B. 青荷盖绿水，芙蓉披红鲜

C. 明月照桂林，初花锦绣色　　D. 风清觉时凉，明月天色高

**【答案】**B

**【解析】**"青荷盖绿水，芙蓉披红鲜"出自南朝女文学家鲍令晖的《青阳渡》。诗中的荷叶和荷花描写的是夏天的景象。

## 第二节　北朝乐府民歌

### 一、北朝乐府民歌的内容 ★

北朝乐府民歌主要作于五胡十六国时期，大部分保存在《鼓吹曲辞》的《梁鼓角横吹曲》里。现存只有约 60 首，反映社会的深度和广度却远远超过了南朝乐府民歌。

### 二、北朝乐府民歌的艺术特色 ★★

北朝乐府民歌的特色是感情单纯粗犷，风格刚健质朴，比南朝乐府民歌更少辞采的修饰，但也有动人的艺术效果，如著名的《敕勒歌》。

《木兰诗》是北朝乐府民歌中的代表作。

# 第二部分　课后习题详解

**南朝和北朝乐府民歌的内容与风格有何不同？**

**答：**(1)在内容上，南朝乐府民歌产生于经济繁荣的城镇，加上统治者采集的目的不是像汉乐府那样观察风俗，而是为娱乐消遣之用，因此几乎清一色都是情歌，主题单一，在反映社会问题的深度和广度上不如汉乐府。北朝乐府民歌主要作于五胡十六国时期，这段时期是北方历史上混乱黑暗的年代，各少数

民族豪酋之间的攻伐与人民反抗统治者的斗争错综复杂地交织在一起,因此民歌反映社会的深度和广度远远超过了南朝乐府民歌。

(2)在风格上,南朝乐府民歌大多用口语和唱和的形式,声调发自心口,因而语言明快生动,风格清新自然,大量使用双关隐语,有同音同字和同音异字两类。北朝乐府民歌的特色是感情单纯粗犷,风格刚健质朴,比南朝乐府民歌更少辞采的修饰,但也有动人的艺术效果。

# 第三部分　典型习题详解

## 一、选择题

1. 南朝乐府民歌中最长的诗是(　　),在艺术上代表着南朝乐府民歌的最高成就。

A.《陌上桑》　B.《秦妇吟》　C.《孔雀东南飞》　D.《西洲曲》

2. 成语"扑朔迷离"出自(　　)。

A.《曹刿论战》　B.《木兰诗》

C.《出师表》　D.《邹忌讽齐王纳谏》

3. 以下有关南北朝乐府民歌叙述不正确的是(　　)。

A. 北朝乐府民歌主要作于五胡十六国时期,大多数保存在《鼓吹曲辞》的《梁鼓角横吹曲》里

B. 北朝乐府民歌现存数量不多,但在反映社会的深度和广度方面远远超过了南朝乐府民歌

C. 北朝乐府民歌的特色是感情单纯粗犷,风格刚健质朴,比南朝乐府民歌更少辞采的修饰

D.《木兰诗》是南朝乐府民歌中的杰作

**【答案】**

1. D　2. B　3. D

## 二、填空题

1. 南朝乐府民歌的种类有________、________和神弦歌。

2.南朝乐府民歌多用谐音双关这一手法来传情达意。“碧玉捣衣砧，七宝金莲杵。高举徐徐下，轻捣只为汝。”这四句诗的后两句中，运用了谐音双关手法的是________，它双关________一词。

3.________是北朝民歌的杰出代表作，描写了女英雄花木兰替父从军的故事。

4.南北朝时，代表北方民歌最高艺术成就的作品是______和______。

**【答案】**

1.吴声歌　西曲歌　2.轻捣　倾倒　3.《木兰诗》　4.《敕勒川》《木兰诗》

# 第七章　魏晋南北朝文和小说

## 第一部分　考点归纳

### 第一节　南北朝赋和骈文

#### 一、南北朝骈文的形式特点 ★

骈文起源于汉魏,形成于南北朝,全篇以双句(即俪句、偶句)为主,讲究对仗和声律,其中以四字六字相间定篇者,也称四六文。骈文的主要特点有:

(1)句法不仅要对偶,还讲究言对(词性虚对虚、实对实)、事对(典故对典故)、正对(用不同例子说明同样的意思)、反对(用相反的例子说明同样的意思)。这就是所谓"四对"。

(2)句子的字数渐趋于骈四俪六,偶尔掺杂三言、五言句,以免呆板。

(3)声律要调平仄。

(4)讲究用典、比喻、夸饰、修辞等。

南北朝还有不少赋,形式上接近骈文,因此称为骈赋。

#### 二、南北朝赋和骈文的代表作 ★

南北朝赋和骈文的代表作如表 7-1 所示。

表 7-1　南北朝赋和骈文的代表作

| 作者 | 代表作 | 描述 |
|---|---|---|
| 鲍照 | 《芜城赋》 | 著名的骈赋,为凭吊广陵而作 |

续表

| 作者 | 代表作 | 描述 |
| --- | --- | --- |
| 孔稚珪 | 《北山移文》 | 一篇绝妙的骈体讽刺文，嘲笑南齐时先隐居于钟山，后应诏出仕的假隐士周颙，生动地刻画出士大夫表面清高而实际上利欲熏心的典型形象 |
| 江淹 | 《恨赋》 | 写历史上著名的帝王将相、英雄烈士功业未竟、壮志未酬就死去的遗恨 |
|  | 《别赋》 | 写常人夫妇、富贵人家、游侠剑客、赴边的军人、去外国的使者、远游做官的人、学道成仙的人、相恋的男女青年等各种人不同的离情别绪 |
| 吴均 | 《与宋元思书》 | 写富阳到桐庐一段富春江两岸奇峻幽美的景色，绘声绘色 |
| 陶弘景 | 《答谢中书书》 | 写江南四季的山水之美，简练概括，有很高的审美价值 |
| 庾信 | 《哀江南赋》 | 庾信在骈赋、骈文上的成就最高，这篇赋是他晚年在北周怀念故国、自伤身世之作 |

### 三、北朝的散文 ★

北朝散文代表作是北魏郦道元的《水经注》和北齐杨衒之的《洛阳伽蓝记》。

1. 郦道元《水经注》

郦道元的《水经注》是一部很有价值的地理学著作。从文学的角度来说，它最成功的地方是那些对山川景物的描述，其中《江水》篇中关于三峡的描写尤其为人称道。

2. 杨衒之《洛阳伽蓝记》

杨衒之的《洛阳伽蓝记》主要记述了北魏王朝兴盛时期洛阳佛寺建筑的宏伟壮丽，意在通过佛寺的衰败来哀悼北魏王朝的衰落。

## 第二节　南北朝的小说

### 一、魏晋南北朝小说的产生和分类 ★

魏晋南北朝小说的产生原因

(1)战乱频繁，社会动荡，可资谈论的民间故事很多；

(2)巫祭、道教、佛教等宗教盛行,给神怪故事提供了丰富的资料;

(3)魏晋清谈除了谈玄还品评人物,很多士族人物讲究言谈举止,制造出很多话柄,也促进了轶事小说的发展;

(4)受先秦古籍的影响。

这一时期的小说可以分为志怪和轶事两类。

## 二、以《搜神记》为代表的志怪小说 ★

魏晋南北朝的志怪小说可分三类,具体如表 7-2 所示。

**表 7-2　志怪小说分类及作品**

| 分类 | 作品 |
|---|---|
| 记述地理博物的琐闻 | 东方朔的《神异经》《十洲记》,托名郭宪的《汉武洞冥记》,西晋张华的《博物志》 |
| 记述历史传闻 | 托名班固的《汉武帝内传》《汉武故事》 |
| 记述鬼神怪异的故事 | 晋干宝的《搜神记》,北齐颜之推的《冤魂志》,梁吴均的《续齐谐记》,托名曹丕的《列异传》,托名陶潜的《搜神后记》,宋王琰的《冥祥记》,刘义庆的《幽明录》 |

志怪小说中《搜神记》的成就最高,其中《干将莫邪》《韩凭夫妇》《李寄斩蛇》等篇都是优秀的民间传说。这一时期志怪小说的特点是艺术上比较粗糙幼稚,但已经能够通过某个故事突出主人公的主要特点。

## 三、以《世说新语》为代表的轶事小说 ★★

刘宋时刘义庆的《世说新语》是一部集大成的著作,保存比较完整。其余各书大多散失,只在类书里保留着一些遗文。

《世说新语》的主要艺术特点是善于抓住言行的片段,选取典型细节,用精练而又隽永传神的语言生动地表现人物性格和神情面目。

# 第二部分　课后习题详解

本章无课后习题。

# 第三部分　典型习题详解

## 一、选择题

1.《搜神记》是一部记录民间传说中神奇怪异的故事集，搜集了古代的神异故事共四百篇，它的作者是东晋史学家（　　）。

A. 纪昀　　B. 干宝　　C. 刘禹锡　　D. 李白

2.《搜神记》属于（　　）小说。

A. 古代志怪小说　　B. 古代玄幻小说

C. 古代传奇小说　　D. 古代鬼神小说

3. 据（　　）所载，潘岳每次外出，都会有不少女子手牵手地围着他的车子，又向他的车子投掷鲜花，成语“满载而归”即来自此典故。后来人们就以“潘安之貌”形容男子俊美。

A.《典论・论文》　　B.《世说新语》

C.《文心雕龙》　　D.《诗品》

4.（　　）是我国第一部文言志人小说集，其内容主要是记录魏晋时名士的言行风神。

A.《拾遗记》　　B.《搜神记》　　C.《世说新语》　　D.《山海经》

5.《世说新语》是一部笔记体小说集，主持和组织了该书编纂的是（　　）。

A. 刘勰　　B. 刘义庆　　C. 刘安　　D. 左丘明

6. 北朝散文有质朴刚健的风格特色，代表作有郦道元的（　　），它记叙多条河流的景色，是游记散文的开创之作。

A.《洛神赋》　　B.《山海经》　　C.《老残游记》　　D.《水经注》

7. 明人胡应麟评价：“读其语言，晋人面目气韵恍然生动，而简约玄澹，真致不穷”说的是（　　）

A.《搜神记》　　B.《儒林外史》　　C.《幽明录》　　D.《世说新语》

**【解析】**从题干可以判断，这一句说的是人物描写手法，所以应是对志人小说的评价，《搜神记》《幽明录》是志怪小说，《儒林外史》是清代小说，故排除。

**【答案】**

1. B　2. A　3. B　4. C　5. B　6. D　7. D

## 二、填空题

1. 我国第一部笔记体小说集的作者是________，这是一部记载魏晋人物言谈轶事的小说。

2.“魏晋风度”和“名士风流”在轶事小说________中有大量记载。

**【答案】**

5. 刘义庆　6.《世说新语》

## 三、名词解释

**1.《水经注》**

**答:**《水经注》是北魏郦道元所著的一部综合性地理著作，也是一部优美的文学著作。作者郦道元自幼好学，历览奇书，博闻强记。《水经注》共四十卷，详细记载了一千多条大小河流及相关的物产、风俗、神话传说等，对研究我国古代地理、历史、文化有重要参考价值。

**2.《世说新语》**

**答:**《世说新语》是刘宋时刘义庆和他手下的文士一起编写的笔记体小说集，也是现存最早的一部轶事小说集；主要记述了汉末到东晋名士文人的言行风神，为后世的戏曲提供了不少素材，对唐以后的笔记小说和小品文的影响也很大。

## 四、简答题

**1. 简述《世说新语》的语言特点与艺术特点。**

**答:**(1)《世说新语》的语言简约含蓄，隽永传神，透出种种机智和幽默。有许多流传至今的成语便是出自此书，例如:望梅止渴、管中窥豹、身无长物、拾人牙慧、标新立异等。

(2)《世说新语》的主要艺术特点是善于抓住言行的片段，选取典型细节，用精练而又隽永传神的语言生动地表现人物性格和神情面目。

**2. 简述魏晋南北朝文学在中国文学史上的地位。**

**答:**魏晋南北朝文学在整个中国文学史上具有十分重要的地位，它是一个承上启下、走向繁荣的过渡时期，被称为文学自觉的时代。在这一时期，中国文学思想、题材、体裁以及整体风貌，都呈现出许多新变化：

(1)文学从广义的学术中分化出来，成为独立的一个门类；

(2)文学的各种体裁有了细致区分，人们对各体裁的体制和风格特点有了明确的认识；

(3)各类文学样式、题材、风格等都有一定的继承和创新；

(4)文学的审美特性有了自觉的追求。

# 第八章 隋及初唐诗歌

## 第一部分 考点归纳

### 第一节 从王绩到初唐四杰

隋唐时期,社会的安定、经济的繁荣、国力的强盛,促使文人的精神面貌发生了重大变化,推动了文学艺术的发展。

#### 一、王绩 ★

王绩,字无功,著有《王无功文集》。他以阮籍、陶渊明自比,把田园诗拓展到山水景物的描写中,代表作是《野望》。

#### 二、初唐四杰 ★★

初唐四杰是杨炯、王勃、卢照邻、骆宾王,其中卢、骆擅长七言歌行,王、杨擅长五言新体诗。四杰追求的远大人生理想,以及因怀才不遇而激发的种种不平之鸣,开启了盛唐诗歌的基本主题;他们以比兴寄托融入辞采华靡的齐梁体,为初唐诗歌融合建安风骨和齐梁文采提供了宝贵的经验;在诗体和格律方面,也为七言歌行的兴盛、五言律诗和绝句的成熟作出了贡献。可以说,唐诗声律风骨兼备的风貌,是从他们开始形成的。

(1)卢照邻,诗歌多为行旅、游览、应酬之作,特点是长于铺叙发挥,最著名的作品是长篇七言歌行《长安古意》。

(2)骆宾王,其在行役途中写下的作品很多,少量五言新体诗中,《在狱咏蝉》最为著名。他的诗兼有边塞的内容和山水的描写，体现了丰富的阅历和开阔的视野。

(3)王勃，擅长山水行役和赠别之作，去世时仅 27 岁。五律中以《送杜少府之任蜀川》最为著名。他还擅长写大赋和骈文，气势宏博，《滕王阁序》是其代表作。

(4)杨炯，在内容和艺术风格上以突破齐梁“宫体诗风”为特色，在诗歌发展史上起到承前启后的作用。

**【真题回顾】**有关下列文学和文化常识，表述错误的一项(　　)。

A.“待到重阳日，还来就菊花”“遥知兄弟登高处，遍插茱萸少一人”中提及的赏菊、登高、插茱萸等，都是重阳节的习俗

B.《滕王阁序》作者王勃，与杨炯、陈子昂、骆宾王一起被称为“初唐四大家”，他们开创了高峻雄浑、刚健有力的新诗风

C. 在《游褒禅山记》中感慨“世之奇伟瑰怪非常之观常在于险远”的王安石是唐宋八大家之一

D. 江南三大名楼吸引了无数文人雅士为之吟诗作赋，其中关于岳阳楼的有杜甫的《登岳阳楼》和范仲淹的《岳阳楼记》

**【答案】**B

**【解析】**王勃与杨炯、卢照邻、骆宾王一起被称为“初唐四杰”；“初唐四大家”指的是唐朝初期欧阳询、虞世南、褚遂良、薛稷四位书画名家。

## 第二节　陈子昂与建安风骨的提倡

### 一、陈子昂革新诗歌的理论主张 ★★

陈子昂，在唐诗史上最重要的贡献是标举风雅兴寄和建安风骨，指出革新诗歌的关键在于恢复建安文人抒写人生理想的慷慨意气。

### 二、陈子昂的《感遇》诗 ★★

陈子昂的《感遇》38 首组诗，从宇宙变化、历史发展中探索人生的真谛和时代的使命，把初唐四杰对功业的渴望、现实生活中的不平，以及对宇宙无限、人

生有尽的感慨和惆怅升华到更自觉、更富有理性的高度。

在思想上:(1)以济时拯世为己任,激发起个人对时代和国家的责任感;(2)对现实有更清醒的认识,保持穷达进退的节操,这就是他所提倡的风雅兴寄的主要内涵。盛唐诗歌的基本精神正是由此确立的。

在艺术上,《感遇》诗主要学习阮籍的比兴手法,适当吸取汉魏以后咏史、写景的技巧,彻底淘汰了齐梁的浮艳辞采,恢复了汉魏古诗浑穆的气象。

## 第三节 律诗的形成和初唐诗歌

### 一、沈、宋 ★

沈佺期和宋之问在唐代并称为“沈宋”,他们对律诗的定型作出了重要贡献。

律诗的基本形式是:

(1)五律和七律都是每首八句,每首单句不入韵,双句押平声韵;

(2)一句之中和句与句之间的平仄都有规定;

(3)首尾两联可以不对偶,中间两联一般要求对偶。

宋之问长于五律,构思很巧,如《题大庾岭北驿》;沈佺期在五律之外,更有不少七律,其名作为《古意呈补阙乔知之》。

### 二、文章四友 ★

文章四友指李峤、苏味道、崔融、杜审言。苏味道的诗能真实地反映出初唐的社会风情,如《正月十五夜》;杜审言是杜甫的祖父,他对景物动态观察深细,注意在写景中把握微妙的感受和意趣。

### 三、吴中四士 ★★

吴中四士指贺知章、张旭、张若虚、包融。他们的诗歌大多描绘吴越清丽的山水,抒写亲切动人的人生感触,在宫廷应制充斥一时的文坛上,以纯净优美的意境和悠扬宛转的旋律使人耳目一新。其中,贺知章有《咏柳》《回乡偶书》等世人传诵的名篇。

吴中四士诗歌里最有代表性的是张若虚的《春江花月夜》，它将春江月夜的静美景色和有关宇宙人生的哲理思索结合起来，汇成情、景、理交融的艺术境界，代表着初唐歌行向盛唐发展的过程中所取得的最高成就。

## 第二部分 课后习题详解

**1. 陈子昂对初唐诗歌发展的主要贡献是什么？**

**答：**陈子昂在唐诗史上最重要的贡献是标举风雅兴寄和建安风骨，指出革新诗歌的关键在于恢复建安文人抒写人生理想的慷慨意气，批评齐梁诗只追求辞采华丽、缺乏比兴寄托的弊病，将汉魏风骨和建安作者归入风雅传统，这就使建安气骨和风雅兴寄在理论上得到了统一。

**2. 试述阅读《春江花月夜》的审美感受。**

**答：**《春江花月夜》开头先以大笔挥洒，烘托江潮连海、月共潮生的宏伟气势；接着从细处点染月色迷茫、浸染春江花林的奇妙效果，创造出梦幻一般空灵澄澈的境界。然后由月色笼罩的纯净世界引出对生命和宇宙奥秘的探索，并从前人关于宇宙永恒、人生短暂的慨叹中翻出新意："人生代代无穷已，江月年年只相似"指出个人的生命虽然短暂，人类代代相承的历史却与宇宙同在，这种开朗的感情正是初盛唐时代精神的体现。以男女相思之情、游子飘零之感抒写人生聚短离长的感触，虽是传统主题，但此诗只从咏月着眼，以孤月的徘徊不定、月色的拂卷不去烘托思妇中夜徘徊、难以驱遣的惆怅；以落花流水、残月满江烘托游子眷恋春光、思念家乡的深情。在月色的笼罩下，江水、芳甸、花林、沙汀、白云、青枫、扁舟、妆楼、镜台、杵砧、鸿雁、鱼龙、游子、思妇等丰富多彩的意象融合成完整的意境，统一在淡雅的色调中。再加上韵律抑扬回旋，富有优美的节奏感，音调随诗情变化起伏，宛如小提琴上奏出的梦幻曲，深沉柔和，宛转谐美。

## 第三部分 典型习题详解

### 一、选择题

1. 唐初文坛四杰：王勃、杨炯、骆宾王和(　　)。

A. 王维　　B. 李商隐　　C. 卢照邻　　D. 欧阳修

2.“落霞与孤鹜齐飞,秋水共长天一色”出自下列名篇(　　)。

A.《滕王阁序》　　B.《前赤壁赋》　　C.《后赤壁赋》　　D.《春江花月夜》

3.“海内存知己,天涯若比邻”两句出自(　　)的《送杜少府之任蜀州》。

A. 王勃　　B. 杨炯　　C. 卢照邻　　D. 骆宾王

4.“念天地之悠悠,独怆然而涕下”这一句的作者是(　　)。

A. 陈子昂　　B. 辛弃疾　　C. 苏轼　　D. 杜甫

5. 声讨齐梁文学绮靡之风,主张诗歌革新的初唐诗人是(　　)。

A. 王勃　　B. 骆宾王　　C. 陈子昂　　D. 杨炯

**【解析】**陈子昂是初唐诗文革新人物之一,他声讨抨击齐梁文学绮靡陈腐文风,主张改革,进一步发展了“初唐四杰”所追求的充实、刚健的诗风,彻底肃清了齐梁诗歌中绮靡纤弱的习气,对盛唐诗人张九龄、李白、杜甫产生了深远影响,被后世尊称为“诗骨”。

6. 下列诗歌属于古体诗的是(　　)。

A.《登鹳雀楼》　　B.《登幽州台歌》　　C.《静夜思》　　D.《春望》

**【解析】**古体诗形式上比较自由,对句数、字数、对仗及平仄声调没有严格的限制,有别于律诗和绝句。

7. 被称为“孤篇压全唐”的是(　　)。

A. 李白《将进酒》　　B. 白居易《长恨歌》

C. 张若虚《春江花月夜》　　D. 王维《山居秋暝》

**【答案】**

1. C　2. A　3. A　4. A　5. C　6. B　7. C

## 二、填空题

1.《在狱咏蝉》是________的代表作之一,其系“初唐四杰”之一。

2.“春江潮水连海平,海上明月共潮生”出自________的文章。

3. 张若虚的《春江花月夜》被________誉为“诗中的诗,顶峰上的顶峰”。

4.“文章四友”指初唐诗人李峤、崔融、苏味道和________。

**【答案】**

1. 骆宾王　2. 张若虚　3. 闻一多　4. 杜审言

## 三、名词解释

### 1. 初唐四杰

**答:**初唐四杰是杨炯、王勃、卢照邻、骆宾王,其中卢、骆擅长七言歌行,王、杨擅长五言新体诗。四杰追求的远大人生理想以及因怀才不遇而激发的种种不平之鸣,开启了盛唐诗歌的基本主题;他们以比兴寄托融入辞采华靡的齐梁体,为初唐诗歌融合建安风骨和齐梁文采提供了宝贵的经验;在诗体和格律方面,也为七言歌行的兴盛、五言律诗和绝句的成熟作出了贡献。可以说,唐诗声律风骨兼备的风貌,是从他们开始形成的。

### 2. 文章四友

**答:**文章四友是李峤、苏味道、崔融、杜审言的合称。“四友”诗风不一,但都是五律形成的推动者。李峤、苏味道、崔融身居高位,其诗多为应制之作。与苏、李相较,崔融有些从军诗尚有可取。杜审言的诗歌较少雕饰,对近体诗的形成和发展有一定贡献。崔融、杜审言写过一些有生活实感的诗作,杜诗为佳,其五言诗格律严谨,已具备近体诗条件,并加长了篇幅,使五言排律渐具规模。

# 第九章　盛唐诗歌

## 第一部分　考点归纳

### 第一节　盛唐气象

#### 一、诗歌中的“盛唐气象”★★

盛唐是唐诗发展的最高峰,也是中国古典诗歌的全盛时期。盛唐气象指诗歌中蓬勃开朗的气象,是一种积极进取的思想感情所形成的时代性格;主要是指在开元年全盛时期清平政治的背景下,一代文人对时代充满幻想、渴望有所作为的浪漫精神。

#### 二、张说和张九龄 ★

1. 张说

张说,有《张燕公集》,主张作诗要文采和风骨并重,典雅和“滋味”兼顾,鼓励多样化的内容和风格,并提出盛唐诗歌应当以“天然壮丽”为主的审美理想。

2. 张九龄

张九龄,有《张曲江集》,支持陈子昂重幽素、黜雕华的主张,作《感遇》十二首,以贤士闻达之难、世路不平之叹为中心,抒写对功名理想、志士高节的追求,并提出了乘时而起、功成身退的处世原则。这些思想对盛唐诗人的影响最直接。

## 第二节　王维、孟浩然与山水田园诗

### 一、盛唐山水田园诗繁荣的社会原因 ★★

(1)盛唐取士的路径较多,除科举外,征召辟举也是一种辅助的办法。

(2)繁荣的经济和安定的社会为大多数地主官僚提供了游赏林泉的物质条件和安逸环境,在盛唐官员中形成了公务闲暇时寻找风景胜地修养身心的风气。

(3)唐代南北统一,交通方便,文人游学观览的风气十分流行,当时几乎没有一个著名诗人不外出远游。文人聚会迎送,赋诗留别,大量的山水诗和送别诗就是在这样的环境中产生的。

因此,山水田园诗的兴盛正是盛世气象最突出的表征。

### 二、孟浩然 ★★★

孟浩然,有《孟浩然集》。他既有魏晋名流清朗潇洒的风神仪表,又追慕陶渊明躬耕田园的高尚情操,同时也有盛唐拯世济人的时代理想,称得上一个典型的盛世隐士。其田园诗侧重描写在襄阳隐居时的种种高雅生活和闲情逸致,风格清空旷淡。代表作有《过故人庄》《春晓》等。

### 三、王维 ★★★

王维,有《王右丞集》。其山水田园诗兼有绘画音乐之美,被后人称为"诗中有画""百啭流莺、宫商迭奏",体现了盛唐诗形象鲜明、情韵深长的典型风貌,代表作有《终南山》《鹿柴》《山居秋暝》《九月九日忆山东兄弟》《送元二使安西》等。王维继承了陶、谢以来山水田园诗的成就,并进一步解决了运用动静虚实相生之理以简化意象、追求象外之趣的问题,在创造静美的意境和处理空间的表现手法等方面,为后世文人诗画树立了极高的艺术标准。

**【真题回顾】**王维《终南山》:"太乙近天都,连山接海隅。白云回望合,青霭入看无。分野中峰变,阴晴中众壑殊。欲投人处宿,隔水问樵夫。"以下四幅画中,最接近此诗诗意的是(　　)。

A.

B.

C.

D.

**【答案】** D

**【真题回顾】**王维有"诗佛"之称，其诗多有禅意，下列没有体现这一特点的是(　　)。

A. 新丰美酒斗十千，咸阳游侠多少年

B. 人闲桂花落，夜静春山空

C. 草间蛩响临秋急，山里蝉声薄暮悲

D. 空山新雨后，天气晚来秋

**【答案】** A

**【解析】**A 项出自王维的《少年行四首》，意思是新丰美酒价值万贯，出没都城长安的游侠多是少年。此句没有体现出禅意。

### 四、盛唐其他山水田园诗 ★★

盛唐其他山水田园诗有常建的《题破山寺后禅院》、王湾的《次北固山下》、朱斌的《登鹳雀楼》、崔颢的《黄鹤楼》等。

## 第三节 高适、岑参与边塞诗

### 一、盛唐边塞诗的繁荣 ★★

盛唐边塞诗在内容上歌颂了广大战士英勇抗敌的精神，描绘了祖国边塞辽阔壮丽的风光，反映了重振国威的理想和各族人民渴望和平的心愿；在艺术上既继承了建安诗慷慨悲凉的风格，又吸取了南朝诗善写离愁别怨的长处，形成了悲壮高亢的基调和雄浑开朗的意境，为盛唐诗增添了无限新鲜壮丽的光彩。

### 二、高适 ★★

高适有过长期贫困沉沦的生活体验，因而能够写出一些反映和同情人民疾苦的诗篇。他对边塞境况和士卒生活有实际观察，边塞诗采用七言歌行，气势沉雄，音调流畅；描写士卒的诗往往歌颂他们高昂的斗志，同时反映军中的厌战情绪，指责统治者处理和战关系缺乏远见，揭露了边事中的一些深层次矛盾。代表作是《燕歌行》，送别诗有《别董大・其一》（莫愁前路无知己，天下谁人不识君）。

### 三、岑参 ★★

岑参著有《岑嘉州集》，以边塞诗最为出色，其诗以英雄的气概描绘了塞外行军、征战、送别等各种情境，富有浪漫的奇情异彩，最有代表性的是《白雪歌送武判官归京》（忽如一夜春风来，千树万树梨花开）。

### 四、盛唐其他边塞诗 ★★★

1. 王昌龄

王昌龄，号称“七绝圣手”，善于从军旅生活中提炼出最典型的情景，将现实的感受和历史的回顾结合起来，创造深邃高远的意境。《出塞》曾被唐人推为七绝压卷之作。他还以送别诗著称，如《芙蓉楼送辛渐》。

2. 李颀

李颀的《古从军行》是盛唐边塞诗中的名作。

此外，王维的《使至塞上》、王之涣的《凉州词》、王翰的《凉州词》也都很有名气。

总体来说，盛唐边塞诗大多情绪乐观，胸襟开阔，富有进取精神和英雄气概，表现了民族自强的信心和健康的审美观念。

**【真题回顾】**“咏史怀古”是我国诗歌的一大主题，下列不属于怀古诗的是(　　)。

A. 吴宫花草埋幽径，晋代衣冠成古丘

B. 看取汉家何事业，五陵无树起秋风

C. 朱雀桥边野草花，乌衣巷口夕阳斜

D. 晴川历历汉阳树，芳草萋萋鹦鹉洲

**【答案】**D

**【解析】**A 项出自李白的《登金陵凤凰台》；B 项出自杜牧的《登乐游原》；C 项出自刘禹锡的《乌衣巷》；D 项出自崔颢的《黄鹤楼》，抒发了诗人无限的归思之愁。

## 第二部分　课后习题详解

**1. 王维的山水田园诗有什么特点？**

**答：**王维的山水田园诗兼有绘画音乐之美，被后人称为“诗中有画”“百啭流莺、宫商迭奏”，体现了盛唐诗形象鲜明、情韵深长的典型风貌。他不仅善于以疏放的线条和劲健的笔力勾勒雄伟壮丽的名山大川，更善于用清新的笔调、匀润的色彩，精致地描绘山林幽美清空的意境，以及生活在这静美环境中的情趣。

**2.怎样理解边塞诗与唐代安边战争的关系?**

**答:**唐初从贞观到开元的一百多年间,国力强盛,疆域扩大,各民族之间经济、文化的交流引起了人们对边塞生活的关心。当时有雄心壮志的文人大都意气风发,十分活跃。他们不仅想通过科举步入仕途,施展自己的政治抱负,还向往边塞军旅生活,希望有所作为。这一时期,大多数发生在边境上的战争仍是防御性的。因此他们这种要求建立边功的愿望表现了当时文人普遍推崇的英雄气概,这也正是建安风骨的核心内涵。

开元、天宝年间,许多文人都有过边塞生活的经历,大量优秀的边塞诗在这一时期涌现出来。这些诗歌颂了广大战士英勇抗敌的精神,描绘了祖国边塞辽阔壮丽的风光,反映了重振国威的理想和各族人民渴望和平的心愿。在艺术上,盛唐边塞诗既继承了建安诗慷慨悲凉的风格,又吸取了南朝诗善写离愁别怨的长处,形成了悲壮高亢的基调和雄浑开朗的意境,为盛唐诗增添了无限新鲜壮丽的光彩。

# 第三部分　典型习题详解

## 一、选择题

1. 王维是盛唐(　　)诗的代表作家。

A. 边塞　　B. 讽喻　　C. 山水田园　　D. 送别

2. “行到水穷处,坐看云起时”出自王维的(　　)。

A.《渭城曲》　　B.《终南别业》

C.《鸟鸣涧》　　D.《九月九日忆山东兄弟》

**【解析】**“行至水穷处,坐看云起时”出自唐代诗人王维的《终南别业》。此诗描写作者退隐后自得其乐的闲适情趣,生动地刻画了一位隐居者的形象,表现了作者豁达的性格。

3. (　　)评价王维“味摩诘之诗,诗中有画;观摩诘之画,画中有诗”。

A. 韩愈　　B. 孟浩然

C. 柳宗元　　D. 苏轼

【解析】王维，字摩诘，唐朝著名诗人、画家，多咏山水田园，与孟浩然合称“王孟”，有“诗佛”之称。书画特臻其妙，后人推其为南宗山水画之祖。苏轼评价：“味摩诘之诗，诗中有画；观摩诘之画，画中有诗。”

4.“遥知兄弟登高处，遍插茱萸少一人”指的节日是(　　)。

A. 清明节　　B. 端午节　　C. 重阳节　　D. 中秋节

5.“劝君更尽一杯酒，西出阳关无故人”的作者是(　　)。

A. 王勃　　B. 王维　　C. 王献之　　D. 骆宾王

6.“待到重阳日，还来就菊花”是(　　)的诗句。

A. 王维　　B. 孟浩然　　C. 孟郊　　D. 贾岛

7. 高适是(　　)的代表。

A. 边塞诗　　B. 田园诗　　C. 山水诗　　D. 咏物诗

8. 著名诗句“战士军前半死生，美人帐下犹歌舞”出自《燕歌行》，作者是(　　)。

A. 谢惠连　　B. 高适　　C. 曹丕　　D. 陆机

【解析】高适是我国唐代著名的边塞诗人，作品收录于《高常侍集》，代表作有《燕歌行》《塞上》《塞下曲》等。作为著名边塞诗人，高适与岑参并称“高岑”，与岑参、王昌龄、王之涣合称“边塞四诗人”。其诗笔力雄健，气势奔放，洋溢着盛唐时期所特有的奋发进取、蓬勃向上的时代精神。

9. 王昌龄的绝句(　　)被誉为“唐代绝句压轴之作”。

A.《登鹳雀楼》　　B.《出塞》　　C.《凉州词》　　D.《咏柳》

10.“秦时明月汉时关，万里长征人未还”“黄沙百战穿金甲，不破楼兰终不还”，是被誉为“七绝圣手”“诗家天子”的唐代诗人(　　)的名句。

A. 高适　　B. 王昌龄　　C. 岑参　　D. 李白

【解析】王昌龄，字少伯，盛唐著名边塞诗人，后人誉为“七绝圣手”。其诗以七绝见长，有“诗家夫子王江宁”之誉，代表作有《芙蓉楼送辛渐》《出塞》等。

11. 马在古代军旅生活中扮演着重要角色，也是边塞诗最重要的意象之一。下列诗句中，借马写边塞行路艰难的是(　　)。

A. 大漠沙如雪，燕山月似钩。何当金络脑，快走踏清秋

B. 向晚横吹悲，风动马嘶合。前驱引旗节，千里阵云匝

C. 一身从远使，万里向安西。汉月垂乡泪，胡沙费马蹄

D. 长安何处在，只在马蹄下。明日归长安，为君急走马

12. 王维、孟浩然山水田园诗的不同特点不包括（　　）。

A. 王维善于对山水景象做正面深入的描写，孟浩然则善于从侧面烘托渲染

B. 王维更善于表现空山的宁静之美，而孟浩然乘舟行吟之作则表现山水的淡泊纯净

C. 孟浩然继承了陶渊明田园诗的艺术传统，比王维诗更显淳朴

D. 王维的诗作善于表现微妙的情绪，孟浩然的诗作善于融会佛理，刻画“空”“静”的意趣

**【解析】**D说反了，王维的诗作善于融会佛理，刻画“空”“静”的意趣，传达深邃的意境；孟浩然的诗作更善于表现微妙的情绪。

**【答案】**

1. C　2. B　3. D　4. C　5. B　6. B　7. A　8. B　9. B　10. B　11. C　12. D

## 二、填空题

1. 山水诗派的代表诗人是“王孟”，其中“王”是指王维，“孟”是指________。

2. 唐代诗人________，其诗淡泊宁谧，意境宏远，所作诗中常有虚无冷寂的情调，宣扬隐士生活和佛教神理，故有“诗佛”之称。

3. “大漠孤烟直，长河落日圆”出自唐代诗人________的《使至塞上》。

4. 唐代边塞诗派的主要代表人物有________、________、王昌龄。

5. 唐边塞诗以边疆的军旅生活和自然风景作为表现题材，代表诗人有《燕歌行》的作者高适，《走马川行奉送封大夫出师西征》的作者________等。

6. ________________，天下谁人不识君。（高适《别董大》）

**【答案】**

1. 孟浩然　2. 王维　3. 王维　4. 高适　岑参　5. 岑参　6. 莫愁前路无知己

## 三、名词解释

### 1. 盛唐气象

**答：**盛唐气象指诗歌中蓬勃开朗的气象，是一种积极进取的思想感情所形成的时代性格；主要是指在开元年全盛时期清平政治的背景下，一代文人对时

代充满幻想、渴望有所作为的浪漫精神。

**2.山水田园诗派**

**答:**唐代诗歌流派,继承了东晋陶渊明的山水田园诗风,代表人物有盛唐的王维、孟浩然、常建等,中唐的韦应物、柳宗元等。这类诗以描写自然风光、农村景物以及安逸恬淡的隐居生活为主要内容。诗境隽永优美,风格恬静淡雅,语言清丽洗练,多用白描手法。诗人们借诗歌表达对现实的不满、对宁静平和生活的向往。

## 四、简答题

**1.简要分析王维《鸟鸣涧》的艺术特色。**

**答:**《鸟鸣涧》为王维所作,是山水田园诗中的代表作之一。作者用清新的笔调、匀润的色彩,精致地描绘了山林幽美清空的意境以及生活在这静美环境中的情趣。人闲桂落,夜静山空,人处于极度闲静的境界中时,心灵仿佛化为一片虚空,能感知大自然内在的生命律动,体察到常人难以发现的动静。月出之时,已经栖宿的山鸟竟然被月光惊醒,以致涧谷中不时传来断断续续的鸟鸣声,从而更反衬出空山的寂静。这就以动衬静,构成了春山月夜空静优美的意境。全诗旨在写静,却以动景处理,这种反衬的手法体现了诗人的禅心与禅趣。

**2.简要分析《山居秋暝》的意境美。**

**答:**《山居秋暝》是王维山水田园诗的代表作之一,体现了诗人"诗中有画"的创作特点。全诗描绘了秋雨初晴后傍晚时分山村的旖旎风光和山居村民的淳朴风尚,表现了诗人寄情山水田园,对隐居生活怡然自得的满足心情。

首联写初秋傍晚,空气清新,景色宜人。一个"空"字,渲染出天高云淡、万物空灵之美,流露出诗人对大自然的喜爱之情。

颔联写薄暮之景,山雨初霁,幽静闲适,清新宜人。"照"与"流",一上一下,一静一动,静中有动,动中有静,明月照耀下松林的剪影,表现出画所不及的意趣。

颈联写竹林喧声,浣女归来,莲叶波动,渔舟穿行的场景。青松明月之下,在这翠竹青莲之中,一派欢声笑语竟打破了如此宁静的夜空。诗人触景生情,感慨之情油然而生。

尾联是诗人的有感而发。王孙指诗人自己，自然界的光色声响交织成优美的旋律，诗人愿意留下来，表达了他喜归自然的决心。

全诗通过一幅幅清幽明丽、恬淡优美、活泼自然的山中秋景，表达了诗人的高洁情怀和对理想的追求，含蕴丰富，耐人寻味。

# 第十章　李白和杜甫

## 第一部分　考点归纳

### 第一节　李白

李白,字太白,著有《李太白集》,被后世誉为“诗仙”。在群星灿烂的盛唐诗坛上,李白是最耀眼的一颗巨星,他的诗歌体现了开元时代乐观向上的进取精神,同时反映了唐王朝处于盛极而衰的转折关头的社会现实。他以强烈的激情和豪迈的气魄歌唱自己远大的理想,憎恨和反抗封建政治中的不合理现象,追求独立的人格和自由的精神世界,并继承了前人诗歌创作的全部成就,完成了盛唐诗歌的全面革新。丰富的想象、大胆的夸张、天然清新的语言、壮浪纵恣的风格,使他成为继屈原之后最伟大的诗人,代表着我国古典诗歌发展的最高峰。

#### 一、李白对盛唐诗歌精神的深化 ★★★

李白的思想分前后两期:前期集中体现了同时代文人“济苍生”、“安社稷”、以天下为己任的共同理想,代表作如《将进酒》;后期因遭谗受谤,看清了统治集团的腐朽实质,诗歌多表达了弃绝龌龊仕途的决心,从而大大深化了盛唐诗歌的现实意义和浪漫精神,代表作如《丁督护歌》。

李白以《古风·其一》总结了开元全盛之世诗歌革新的理论,提出在清平时代应当恢复“大雅正声”的理想,赞美“文质相炳焕,众星罗秋旻”的盛唐诗坛。他肯定“蓬莱文章建安骨”,并大力提倡“天然去雕饰”的诗歌风格,有意利用乐府的复古来反对当时诗歌格律化的倾向,表现出“将复古道,非我而谁”的强烈使命感。

### 二、李白诗歌的艺术成就 ★★★

李白诗歌以《庄子》《楚辞》为源，广泛吸取了汉魏六朝诗人的成就，并融合盛唐诗歌清新豪放的共同特点，形成了壮浪纵恣的独特风格和高远宏阔的艺术境界。

（1）壮浪纵恣的风格体现为夸大到极致的雄杰壮阔的气势、狂放的风神、奇特的想象、跳跃的思路以及善于糅合隐逸真趣和游仙幻境的艺术表现。

最能体现这种风格的诗体是他的杂言和七言乐府歌行。尤其是他那些描写名山大川的名篇，如《蜀道难》《梦游天姥吟留别》《行路难》。

（2）在描写日常生活感情的诗篇中，他善于创造纯真高洁的意境，凸显其天真狂放的艺术个性。如《月下独酌四首》《古朗月行》《赠汪伦》《黄鹤楼送孟浩然之广陵》《早发白帝城》《望天门山》。

**【真题回顾】**李白的诗歌往往具有豪迈飘逸的风格，下列选项中不具有这种风格的是（　　）。

A. 长风破浪会有时，直挂云帆济沧海

B. 钟鼓馔玉不足贵，但愿长醉不愿醒

C. 安能摧眉折腰事权贵，使我不得开心颜

D. 我醉欲眠卿且去，明朝有意抱琴来

**【答案】**D

**【解析】**D项出自李白的七言绝句《山中与幽人对酌》。此诗表现了诗人和幽居朋友随心所欲、不拘礼节的人生态度，展现了超凡脱俗的艺术形象。

## 第二节　杜甫

杜甫，字子美，著有《杜工部集》。杜甫将自己的一生与国家的命运联系在一起，深切地同情人民的苦难，写下了大量抨击时弊的优秀篇章，深刻反映了唐王朝由盛而衰的急剧转变，尤其是安史之乱以后的社会现实，因而其诗作被称为“诗史”；他的诗歌集前代诗歌艺术之大成，形成了博大精深、沉郁顿挫的独特风格，同时又兼备众体，表现变化多端。被后人尊为“诗圣”的杜甫，为中国的人

文精神树立了忧国忧民的百世楷模,为中国的诗歌艺术确立了沉雄博大的最高典范。

## 一、安史之乱前后的杜甫 ★★★

不同时期的杜甫的思想及代表作品如表 10-1 所示。

表 10-1 安史之乱前后的杜甫

| 时期 | 思想 | 代表作品 |
|---|---|---|
| 安史之乱前 | 在盛世文明的教育下长大,但透过繁荣的表象看到了社会政治中潜伏的严重危机 | 《奉赠韦左丞丈二十二韵》《望岳》《兵车行》《丽人行》《自京赴奉先县咏怀五百字》 |
| 安史之乱中 | 热切地关注着国事的变化,与人民一起经受战争的磨难,写下了许多反映战乱现实、抒发忧时浩叹和爱国热忱的篇章,描绘出这一苦难时代的历史画卷 | 《悲陈陶》《哀江头》《哀王孙》《春望》《北征》和"三吏三别" |
| 漂泊西南 | 将自己艰苦的生活与国家的安危、人民的苦难紧紧联系起来,写下大量抨击现实、怀念盛唐的诗篇,抒发了中兴无望的悲慨 | 《宿江边阁》《风疾舟中伏枕书怀三十六韵》《枯棕》《客从》《岁晏行》《茅屋为秋风所破歌》 |

## 二、杜诗的艺术成就 ★★★

杜甫被尊为"诗圣",他将《诗经》、汉乐府、魏晋齐梁诗、初盛唐诗的各种表现艺术熔为一炉,形成了博大精深、沉郁顿挫的独特风格。杜诗的艺术成就有:

(1)创造性地采用多种诗歌形式,真实地记录了安史之乱前后唐王朝由盛而衰的历史过程,其诗作被誉为"诗史"。集中体现杜甫"诗史"特色的诗体主要是两类:

一类是五言古诗、五言排律等以咏怀为主的长篇诗歌,最有代表性的是《自京赴奉先县咏怀五百字》;

另一类诗体是杜甫首创的新题乐府,最典型的作品是《兵车行》《丽人行》《哀王孙》《悲陈陶》和"三吏三别"。

(2)风格沉郁顿挫,境界雄伟壮阔,同时又极大地开拓了诗歌的题材内容,形成了丰富多样的艺术特色,如《望岳》《登岳阳楼》。

(3)语言千锤百炼,在用典、构思、意象、诗律等方面精益求精,而且变化多端,富有创新,如《春夜喜雨》。

(4)兼长各种诗体,五七言古、律体、绝句、歌行各方面的成就都无不达到极致，而七律尤其有独创性，如《蜀相》《客至》《闻官军收河南河北》《登高》。

**【真题回顾】**“飘逸”和“沉郁”分别是人们对李白、杜甫诗歌风格的概括，下列李杜描写战事的诗句中，属于杜甫的诗是（　　）。

A. 戚戚去故里，悠悠赴交河。公家有程期，亡命婴祸罗

B. 赛虏乘秋下，天兵出汉家。将军分虎竹，战士卧龙沙

C. 兵气天上合，鼓声陇底闻。横行负勇气，一战净妖氛

D. 萧条万里外，耕作五原多。一扫清大漠，包虎戢金戈

**【答案】**A

**【解析】**A 出自杜甫《前出塞九首》，B、C 出自李白《塞下曲六首》，D 出自李白《发白马》。即使没有读过这几首诗，我们也可以从“天兵”“天上合”“妖氛”“一扫”等词读出李白的飘逸豪放。

**【真题回顾】**杜甫的诗常常表现出诗人深切的人文关怀，具有沉郁顿挫的特点，下列不具有此特点的一项是（　　）。

A. 默思失业徒，因念远戍卒

B. 会当凌绝顶，一览众山小

C. 艰难苦恨繁霜鬓，潦倒新停浊酒杯

D. 玉露凋伤枫树林，巫山巫峡气萧森

**【答案】**B

**【解析】**B 句出自杜甫的《望岳》，这首诗表达的是诗人敢于攀顶峰、俯视一切的雄心和气概，以及兼济天下的豪情壮志。

# 第二部分　课后习题详解

**1. 试析《蜀道难》和《梦游天姥吟留别》的共同特点。**

**答：**《蜀道难》和《梦游天姥吟留别》是李白两首描写名山大川的名篇。两首诗的共同特点是展现了李白壮浪纵恣的独特风格和高远宏阔的艺术境界，具体体现为夸大到极致的雄杰壮阔的气势、奇特的想象、跳跃的思路以及善于糅合隐逸真趣和游仙幻境的艺术表现。他把自我形象放大到极限，在想象中为自己展开了来去自由、不受时空和一切自然规律限制的广阔天地。这两首诗都创造出变幻莫测、瑰伟奇特的艺术境界。

**2.李白的七言绝句有什么艺术特色?**

**答:**李白特别善用七绝写送别诗,其诗具有清新明快、情深韵长的艺术特色。如《闻王昌龄左迁龙标遥有此寄》将自己的心寄托给明月,随被贬的王昌龄前往遥远的夜郎:“我寄愁心与明月,随君直到夜郎西。”除了懂得李白之心的明月以外,他诗里的桃花潭水、长江碧流也都能通人情:“桃花潭水深千尺,不及汪伦送我情(《赠汪伦》)。”“仍怜故乡水,万里送行舟(《渡荆门送别》)。”《黄鹤楼送孟浩然之广陵》是他的七绝名篇:“故人西辞黄鹤楼,烟花三月下扬州。孤帆远影碧空尽,唯见长江天际流。”

李白还善于用七绝写山水纪行诗,如《早发白帝城》:“朝辞白帝彩云间,千里江陵一日还。两岸猿声啼不住,轻舟已过万重山。”

**3.杜甫忧国忧民的精神有什么现代意义?**

**答:**杜甫一生将自己与国家的命运联系在一起,深切地同情人民的苦难,写下了大量抨击时弊的优秀篇章,深刻反映了唐王朝由盛而衰的急剧转变,尤其是安史之乱以后的社会现实。这种忧国忧民的精神体现了杜甫对国家和人民命运的深切关怀以及高度的责任感和使命感。具体来说,其现代意义体现在以下几个方面:第一,提醒我们强化社会责任意识。这种责任意识在现代社会尤为重要,通过学习和传承杜甫忧国忧民的精神,我们可以更加自觉地承担起社会责任,为社会的进步和发展贡献自己的力量。第二,关注民生疾苦。杜甫的诗歌中充满了对贫苦大众的同情和怜悯,他通过诗歌揭示了当时社会的黑暗面,表达了对民生疾苦的深切关怀。我们也应该关注社会底层人民的生活状况,积极为他们提供帮助和支持,推动社会的公平和正义。第三,居安思危,未雨绸缪。杜甫生活在一个动荡不安的时代,他的诗歌中充满了对国家和民族命运的担忧。在现代社会,我们也要有这种居安思危、未雨绸缪的精神,对潜在的风险和挑战进行预判和防范。综上所述,杜甫忧国忧民的精神在现代社会具有多方面的意义。我们应该积极学习和传承这种精神,将其融入我们的生活和工作中,为社会的进步和发展贡献自己的力量。

**4.举例说明杜甫律诗锤炼语言的艺术。**

**答:**杜甫兼长各种诗体,五七言古、律体、绝句、歌行各方面的成就都无不达到极致,而七律尤其有独创性。七律比五律成熟得晚,到杜甫笔下才工整精练,格律严谨，同时句式自由，章法多变，表现功能大大拓展。如《蜀相》：

丞相祠堂何处寻，锦官城外柏森森。

映阶碧草自春色，隔叶黄鹂空好音。

三顾频烦天下计，两朝开济老臣心。

出师未捷身先死，长使英雄泪满襟。

这是杜甫初到成都拜谒武侯祠时所作。首联渲染祠堂内古柏参天、森肃静穆的气氛。颔联以“自”与“空”二字突出春草和黄鹂的无情，反衬出拜谒者的物是人非之感。颈联以工整而凝练的对仗评价诸葛亮的毕生功业和高尚品格，上句嵌入三顾茅庐的典故，概括了诸葛亮一生为蜀主运筹帷幄、力图统一天下的功绩，下句称赞他辅佐刘备父子的忠心耿耿，重点在“老臣心”三字，强调诸葛亮鞠躬尽瘁的精神。“三顾”和“两朝”相对，正好包括他的事业自三顾茅庐始，而以辅佐刘禅终的全过程。尾联叹息诸葛亮一生为兴复汉室而耗尽心血，却赍志而没，也表达了古往今来一切为振兴国家民族而奋斗的英雄人物壮志未酬的无穷遗恨。全诗慷慨悲壮，概括力度之高，令后世咏武侯祠的同题之作无法超越。

# 第三部分　典型习题详解

## 一、选择题

1.“行路难，行路难，多歧路，今安在？长风破浪会有时，直挂云帆济沧海”出自(　　)的《行路难》。

A. 孟郊　　B. 杜牧　　C. 杜甫　　D. 李白

2. 以下哪部作品不是李白创作的？(　　)

A.《将进酒》　　B.《梦游天姥吟留别》

C.《送孟浩然之广陵》　　D.《春夜喜雨》

3.“诗仙”“诗圣”“诗佛”“诗魔”分别是指(　　)。

A. 李白、杜甫、白居易、王维　　B. 李白、杜甫、王维、白居易

C. 王维、杜甫、李白、白居易　　D. 王维、李白、白居易、杜甫

4. 诗句“朝辞白帝彩云间，千里江陵一日还”描述的是(　　)的景色。

A. 长江　　B. 黄河　　C. 东海　　D. 南海

5. 杜甫诗句“故人入我梦，明我长相忆。君今在罗网，何以有羽翼”中的故

人是(　　)。

A. 汪伦　　B. 孟浩然　　C. 王勃　　D. 李白

6. “风急天高猿啸哀,渚清沙白鸟飞回”出自(　　)的诗句。

A. 杜甫　　B. 李白　　C. 陆游　　D. 王维

7. 下列作品属于律诗的是(　　)。

A. 杜甫《登高》　　B. 杜牧《泊秦淮》

C. 陶渊明《饮酒》　　D. 李白《早发白帝城》

8. “无边落木萧萧下,不尽长江滚滚来”出自(　　)的《登高》。

A. 李白　　B. 白居易　　C. 杜甫　　D. 杜牧

9. (　　)的诗歌形象真实地反映了安史之乱前后的社会,是时代的一面镜子。

A. 李白　　B. 杜甫　　C. 王维　　D. 王昌龄

10. 杜甫的代表作“三别”包括《无家别》《垂老别》(　　)。

A.《父子别》　　B.《夫妻别》　　C.《新婚别》　　D.《祖孙别》

11. 诗句“三顾频烦天下计,两朝开济老臣心”和“出师未捷身先死,长使英雄泪满襟”所描写的人物和作者分别是(　　)。

A. 关羽、李白　　B. 诸葛亮、杜甫　　C. 张飞、辛弃疾　　D. 刘备、杜甫

12. “笔落惊风雨,诗成泣鬼神”是(　　)的诗句。

A. 杜甫　　B. 李白　　C. 李贺　　D. 韩愈

**【解析】**“笔落惊风雨,诗成泣鬼神”出自唐代诗人杜甫的《寄李十二白二十韵》,大意为:一落笔便惊动了疾风骤雨,诗一写成使鬼神也为之感动流泪。诗句以夸张手法形容李白作诗的敏捷和诗篇强烈的感染力。

13. 春天在古人的眼中千姿百态,古诗对春天的描写也是曲尽其态。下列诗句中,描写早春风光的是(　　)。

A. 鹊乳先春草,莺啼过落花。自怜黄发暮,一倍惜年华

B. 迟日江山丽,春风花草香。泥融飞燕子,沙暖睡鸳鸯

C. 三月残花落更开,小檐日日燕飞来。子规夜半犹啼血,不信东风唤不回

D. 怕上层楼,十日九风雨。断肠片片飞红,都无人管,更谁劝、啼莺声住?

14. 杜甫一生忧国忧民,但也并非没有辞绝尘世、隐居逍遥的心愿。句中隐含这一心愿的是(　　)。

A. 穷年忧黎元，叹息肠内热

B. 生逢尧舜君，不忍便永诀

C. 许身一何愚，窃比稷与契

D. 致君尧舜上，再使风俗淳

15. 以下对“盛唐气象”描述不正确的是(　　)。

A.“盛唐气象”是指盛唐诗歌给人的整体印象，此时文人多创作游仙、玄言诗

B. 声律风骨兼备，是盛唐诗风的标志之一

C. 诗歌内容丰富，感情饱满，情绪整体高昂

D. 代表诗人有李白、杜甫、王维、孟浩然等，他们共同开辟了一个气势恢宏的诗歌黄金时代

**【解析】**盛唐诗歌内容丰富、题材多样，文人的创作或表现为投身参与政治的热情，显示作者高度的自尊和自信；或表现为暴露社会矛盾的勇气，显示作者高度的社会责任感，更多地描绘社会现实，游仙诗和玄言诗并不是盛唐时期的代表。

**【答案】**

1. D　2. D　3. B　4. A　5. D　6. A　7. A　8. C　9. B　10. C　11. B　12. A　13. B　14. B　15. A

## 二、填空题

1. 李白是唐代最著名的诗人之一，他的诗歌热情浪漫，想象力丰富，人称“______”。

2. 仰天大笑出门去，______________。

3.“乘风破浪会有时，直挂云帆济沧海”选自________的________。

4. 诗句“浮云游子意，落日故人情”(《送友人》)的作者是________。

5. 李白诗风多样，既有“安能摧眉折腰事权贵，__________”的豪情，也有“__________，唯见长江天际流”的深情。

6.“诗史数千言，秋天一鹄先生骨；草堂三五里，春水群鸥野老心。”说的是________。

7. 唐代诗人________的诗歌创作丰富，是时代风云和诗人生活的真实记

录,他的诗被称为“诗史”。

8. 杜甫的《登高》:“____________________,渚清沙白鸟飞回”。

9. 诗句“会当凌绝顶,一览众山小”描写的是______山,该山所在的省份是____省。

10. 诗句“出师未捷身先死,长使英雄泪满襟”的作者是________。

11. 随风潜入夜,_________。(杜甫《春夜喜雨》)

12. 无边落木萧萧下,不尽长江滚滚来。____________,____________。

13. “为人性僻耽佳句,语不惊人死不休”是________的自我解剖之词。

**【答案】**

1. 诗仙 2. 我辈岂是蓬蒿人 3. 李白 《行路难》 4. 李白 5. 使我不得开心颜 孤帆远影碧空尽 6. 杜甫 7. 杜甫 8. 风急天高猿啸哀 9. 泰 山东 10. 杜甫 11. 润物细无声 12. 万里悲秋常作客 百年多病独登台 13. 杜甫

## 三、名词解释

### 1. “三吏三别”

**答:**“三吏三别”是唐代诗人杜甫的组诗,“三吏”是指《新安吏》《潼关吏》《石壕吏》,“三别”是指《新婚别》《垂老别》《无家别》。这些作品写的是安史之乱期间作者的所见所闻,真实地描写了老百姓的困苦和战争的残酷,表达了作者对百姓的深切同情。

### 2. 新题乐府

**答:**“新题乐府”的名称始见于中唐李绅的《新题乐府二十首》,但是杜甫首先运用盛唐出现的新题歌行反映时事,创造出新题乐府这种形式,直接开启了中唐和北宋的新乐府创作。他的新题乐府继承《诗经》、汉乐府反映现实的优良传统,本着缘事而发的精神,即事名篇,吸取了汉魏至北朝乐府民歌多用对话问答和片段情节客观反映社会现实的特点,善于从现实生活中提炼具有典型意义的主题,生动地描绘细节真实,并且能以史诗般的大手笔展现出深广的社会背景,使每首新题乐府都包含极大的历史容量。同时这些诗又大多从诗人自身经历的情境出发,带有强烈的主观抒情色彩,这是杜甫的新题乐府与汉乐府的重要区别。

## 四、简答题

**1. 你最喜欢唐代的哪位诗人？他的诗歌有什么特征？**

**答：**例如，最喜欢的唐代诗人是李白。

李白诗歌的风格特征：豪迈奔放、想象丰富、清新飘逸、明丽爽朗。

李白的诗歌带有强烈的主观色彩，侧重抒写豪迈气概和激昂情怀。洒脱不羁的气质、傲世独立的人格、易于触动而又强烈的感情，形成了其诗抒情方式的鲜明特点。一旦感情兴发，就毫无节制地奔涌而出。

李白诗歌的想象变幻莫测。这些想象常有异乎寻常的衔接，随情思流动而变化万端。一个想象与紧接着的另一个想象之间，跳跃极大，意象的衔接组合也是大跨度的，离奇惝恍，纵横变幻，极尽才思敏捷之所能。

李白的诗歌气魄宏大，诗中颇多吞吐山河、包孕日月的壮美意象。大鹏、巨鱼、长鲸以及大江、大河、沧海、雪山等，都是他喜欢吟咏的对象。李白将它们置于广阔的背景下加以描绘，构成了雄奇壮伟的诗歌意象。

除了壮美之外，李白诗里亦不乏清新明丽的意象。他那些脱口而出、不加雕饰的诗句，常呈现出透明纯净而又绚丽夺目的光彩，反映出其不肯苟同于世俗的高洁人格。

**2. 为什么杜甫的诗作被人们称为“诗史”？**

**答：**杜甫创造性地采用多种诗歌形式，真实地记录了安史之乱前后唐王朝由盛而衰的历史过程，其诗作被誉为“诗史”。集中体现“诗史”特色的诗体主要有两类：一类是五言古诗、五言排律等以咏怀为主的长篇诗歌，另一类是杜甫首创的新题乐府。这类诗恢复汉乐府叙事的传统，以记叙具体的事件为主，每首诗有一个中心主题，从不同角度描写了安史之乱前和叛乱中一些重大的历史场面。总之，杜甫将自己的一生与国家的命运联系在一起，深切地同情人民的苦难，写下了大量抨击时弊的优秀篇章，深刻反映了唐王朝由盛而衰的急剧转变，尤其是安史之乱以后的社会现实，因而其诗作被称为“诗史”。

# 第十一章　中唐诗歌

## 第一部分　考点归纳

### 第一节　大历诗人

中唐诗歌的分期一般从唐代宗大历元年(766)算起,到唐文宗太和九年(835),约七十年。此时期诗人延续了盛唐诗风,但精神状态已不大如前。

**一、元结和顾况 ★**

1. 元结

元结,字次山,对现实的认识比较清醒,有《元次山集》,代表作有《系乐府》十二首、《春陵行》和《贼退示官吏》。

2. 顾况

顾况,有《华阳集》,代表作是《上古之什补亡训传十三章》,借上古之事刺当时现实。

元、顾二人强调比兴寄托,反对声律辞藻,都能用诗歌讽刺现实,表现其对国计民生的关怀。

**二、刘长卿和韦应物 ★★**

1. 刘长卿

刘长卿,字文房,诗作含情悱恻,意境清空。著名的五言绝句有《逢雪宿芙蓉山主人》。

2. 韦应物

韦应物，有《韦苏州集》，虽后人多将他与陶渊明、王维、孟浩然并提，但实际上其诗多讽喻时事之作，代表作为《滁州西涧》。

### 三、大历十才子 ★

“大历十才子”是钱起、韩翃、卢纶、李端、耿湋、崔峒、吉中孚、苗发、司空曙、夏侯审等十人。除了叹老嗟贫以及抒发身世之感以外，吟咏山水、称道隐逸是大历十才子诗歌的基本主题。但很多山水诗只是为饯行送别而作，缺乏深厚的内容。

### 四、李益和张继 ★

1. 李益

李益，写过不少边塞诗，尤以七绝著称，最著名的是《夜上受降城闻笛》。

2. 张继

张继的代表作是《枫桥夜泊》。

## 第二节 韩愈和奇险诗派

奇险诗派以韩愈为首，代表人物有孟郊、贾岛、卢仝、李贺等。该诗派提倡继承风雅比兴的传统，凭着坚守古道的执着信念，坚持抨击世俗社会的丑恶和虚伪。与此同时，追求新奇的表现手法，崇尚奇峭险怪、生涩奥衍的审美趣味，在遣字造句上好难争险。

### 一、韩愈 ★★★

韩愈，字退之，有《昌黎先生集》，主张尊儒排佛，维护国家统一，反对藩镇割据，并倡导古文运动，是中唐奇险诗派的领袖。诗歌的主要风格是奇险豪放。韩愈的某些古诗近似散文，被后人视为“以文为诗”。他纠正了大历以来的平庸诗风，继承和发展了杜甫的诗歌特色。代表作有《山石》《早春呈水部张十八员外》《左迁至蓝关示侄孙湘》等。

### 二、孟郊 ★

孟郊，字东野，有《孟东野集》，其性格孤僻耿介，诗歌调子苦涩矫激。作品流露出对底层百姓的理解和同情，但更多是抒发自己怀才不遇的精神苦闷。

### 三、李贺 ★

李贺，字长吉，有《李长吉歌诗》，世人誉之“诗鬼”。诗篇主要是抒发对光阴飞逝、怀才不遇的极端愤激之情。李贺的诗歌艺术别具一种神秘幽清之美，蕴藏着一种由忆旧、伤逝、相思等因素交织而成的复杂感情，形成了自成一格的“长吉体”。

### 四、贾岛 ★

贾岛，字阆仙，以苦吟与孟郊并称，有“郊寒岛瘦”之说，代表作是《寻隐者不遇》。

## 第三节　白居易和新乐府

### 一、新乐府运动 ★★

元、白一派最显示中唐诗歌大变实绩的，是发端于张籍、王建、李绅，大备于元稹、白居易的新乐府之类的讽喻诗。

元和四年(809)，李绅、元稹、白居易提倡恢复周代采诗制，用美刺讽喻的标准对杜甫以来歌行效仿汉魏古乐府制作新题的现象加以总结，并以一批“新题乐府”和“新乐府”组诗作为示范，融合《诗经》、汉乐府和中唐前期兴讽歌行的创作精神和表现形式，确立了“新乐府”的名称。他们不但写作大量讽喻诗，并提出理论，对当时政治和其后诗歌的发展产生了显著影响。现当代人所著的《中国文学史》中一般称这一文学现象为新乐府运动。

## 二、张王乐府 ★

1. 张籍

张籍，字文昌，有《张司业集》，所作乐府以古题为多，但内容则是针对现实而发的。他也写了不少即事名篇的新题乐府，如《野老歌》《秋思》等。

2. 王建

王建，字仲初，有《王建诗集》，写了不少古乐府和新题乐府。他和张籍的乐府诗能结合中唐的社会现实，抨击时事；词意浅近，讲究艺术构思，且二人交往颇多，因此后人常称之为“张王乐府”。

## 三、白居易 ★★★

白居易，字乐天，有《白氏长庆集》，主张发挥诗歌为政治服务的作用，批评社会现实，反映民生疾苦，反对六朝以来文学“嘲风雪，弄花草”的倾向。他关于新乐府的理论主要有以下几方面：

(1)强调诗歌“感人心”的巨大力量；

(2)明确诗歌创作要反映时事的正确目的；

(3)艺术上要求主题鲜明，通俗易懂，朴素质直，便于歌唱。

白居易的著名作品有《卖炭翁》《长恨歌》《琵琶行》《赋得古原草送别》《钱塘湖春行》等。其诗因通俗易懂而广为流传，影响巨大，并远播海外，如日本等。

## 四、元稹 ★

元稹，字微之，有《元氏长庆集》，早年和白居易共同提倡新乐府，后期热衷仕进，官至宰相。其著名的七言长篇是《连昌宫词》。元稹善写深情，最著名的是悼亡诗《遣悲怀》三首其二。

## 五、李绅 ★

李绅的《悯农》二首体现了新乐府“惟歌生民病”的精神。

## 第四节 刘禹锡和柳宗元

### 一、刘禹锡 ★★★

刘禹锡,字梦得,有《刘梦得文集》,以讽刺诗、怀古诗和根据当代民歌曲调创作的七绝歌词最为著名。作品有《酬乐天扬州初逢席上见赠》《西塞山怀古》《乌衣巷》《望洞庭》《竹枝词》《杨柳枝词》《踏歌词》《浪淘沙》等。

刘禹锡的诗浑然天成,神情豪爽,优美明快,含蕴深厚,因而后人称他为"诗豪"。

**【真题回顾】**音乐能对听众产生各种不同的作用。下列诗句中,音乐给予人力量的是(　　)。

A. 缓歌慢舞凝丝竹,尽日君王看不足。渔阳鼙鼓动地来,惊破霓裳羽衣曲

B. 沉舟侧畔千帆过,病树前头万木春。今日听君歌一曲,暂凭杯酒长精神

C. 遥襟甫畅,逸兴遄飞。爽籁发而清风生,纤歌凝而白云遏

D. 醉不成欢惨将别,别时茫茫江浸月。忽闻水上琵琶声,主人忘归客不发

**【答案】**B

**【解析】**C 出自王勃的《滕王阁序》,意思是放眼远望,胸襟刚感到舒畅,超逸的兴致立即兴起,排箫的音响引来的徐徐清风,柔缓的歌声吸引住飘动的白云。此句并无给人力量之意。

### 二、柳宗元 ★★★

柳宗元,字子厚,有《柳河东集》。其大多数诗是反复吟叹自己在政治生涯中的不幸遭遇,抒写寂寞抑郁的贬谪之感和思乡之情,以及重新振作的希望,往往凝聚着一腔孤愤。作为有志改革现实的政治家和思想家,他对人民的疾苦有很深的体察。代表作有《江雪》《渔翁》等。

**【真题回顾】**柳宗元《渔翁》"渔翁夜傍西岩宿,晓汲清湘燃楚竹。烟销日出不见人,欸乃一声山水绿。回看天际下中流,岩上无心云相逐"。对该诗理解不正确的是(　　)。

A. 诗歌既有视觉描写,又有听觉描写,鲜活生动,引发读者无限遐思

B. 诗中视觉所见和听觉所闻超越了有限性,达到了天人合一的境界

C. 诗中渔翁唤醒了山水，看到了天际，表现了其听觉和视觉的超常性

D. 诗歌运用夸张的手法，描写了渔翁逍遥自在、天人合一的生活状态

**【答案】**C

# 第二部分　课后习题详解

**1. 新乐府讽喻诗的思想艺术特点是什么？**

**答：**新乐府讽喻诗广泛触及中唐的各种社会政治问题，反映现实的深度和广度都是中唐前期的新题乐府所不及的。如揭露宫廷和各级官吏对人民的残酷剥削，反映战乱以及外患给人民带来的痛苦，指斥统治阶级骄奢淫逸的生活，反映农村困苦生活，同情宫女等。这些诗大都感受深刻，观点鲜明，言辞犀利，形象生动，充分显示出古诤臣的大义凛然的精神。

**2. 韩愈、孟郊和李贺诗风的“奇”有什么差别？**

**答：**(1)韩愈诗歌的主要风格是奇险豪放，有意创奇。

(2)孟郊诗歌的风格主要是奇险苦涩，大量使用比兴，在艺术表现上往往有出人意料而又新奇形象的思路。

(3)李贺诗歌的风格主要是奇险瑰丽。其艺术构思往往荒诞虚幻，思想感情则多为怨恨悲愁，但不同题材又有不同情调，风格是多样化的。

**3. 举例说明刘禹锡的七言绝句的特点。**

**答：**刘禹锡的七绝长于以比喻写景，如《望洞庭》：

湖光秋月两相和，潭面无风镜未磨。

遥望洞庭山水翠，白银盘里一青螺。

以未磨的镜面比喻湖光秋月上下相映的空明朦胧，可见正是风平浪静的日暮时分。又将君山浮现在万顷银波之上的一团青翠喻为白银盘里的一颗青螺，写出了洞庭月夜水天一色的静谧柔和之美。

刘禹锡还善于向当代民歌学习，创作了许多声情并茂便于歌唱的七言绝句，并能运用地方民歌的曲调创作新词，其中最主要的是《竹枝词》《杨柳枝词》《浪淘沙》等。例如《浪淘沙》：

九曲黄河万里沙，浪淘风簸自天涯。

如今直上银河去,同到牵牛织女家。

这首绝句扣住《浪淘沙》的曲名,赞美九曲黄河挟带着泥沙,历经风浪淘洗和簸扬,自天涯滚滚东来、直上星汉的气势。后两句巧借东海为织女星分野的地理常识,写出了大河向东入海不可阻挡的力量,极为雄壮豪迈,语调又似民歌般通俗天真。

**4. 怎样欣赏柳宗元的《渔翁》和《江雪》?**

**答:**在流放永州、柳州的长期贬谪生活中,柳宗元写下了大量的山水诗,成为继承王、孟山水诗的重要诗人,最为人传诵的是他的《渔翁》和《江雪》。

(1)《渔翁》:

渔翁夜傍西岩宿,晓汲清湘燃楚竹。烟销日出不见人,欸乃一声山水绿。回看天际下中流,岩上无心云相逐。

当一片炊烟渐渐消散,一声柔橹从江面传来时,渔翁已远下中流,唯有岩上白云无心地追随着他的孤舟。渔翁依山傍水、行宿无常的生活,便与追随无心的云水同归于自然了。不着形迹的人物描写不仅给这秀丽的青山绿水增添了楚湘特有的神秘感,也给一个普通的渔父染上了潇洒忘机的隐士色彩。“欸乃一声山水绿”写烟消日出时山水顿时现出一片绿色,但在诗人看来,仿佛是一声船橹摇绿了山水,构思神奇。

(2)《江雪》:

千山鸟飞绝,万径人踪灭。孤舟蓑笠翁,独钓寒江雪。

这首诗展示了一个万籁俱寂、江天一色的纯净世界。千山银装素裹,大地白雪茫茫,飞鸟不见,人影绝迹。只有披蓑戴笠的一位渔翁,稳坐孤舟,独钓寒江,俨然是一幅空灵的寒江钓雪图。诗人独对风雪中的“千山”“万径”,那种悠然淡定的意态自然令人联想到他当时被贬的政治处境,因而这首诗也是诗人孤独高洁的人格写照。

# 第三部分 典型习题详解

## 一、选择题

1. “韩孟诗派”是中唐的一个诗歌创作流派,以韩愈为领袖,其中的“孟”是指(　　)。

A. 孟郊　　B. 孟浩然　　C. 孟光　　D. 孟云卿

2.“推敲”一词出自（　　）。

A. 李白《梦游天姥吟留别》　　B. 杜甫《春望》

C. 贾岛《题李凝幽居》　　D. 韩愈《师说》

3. 唐代诗人柳宗元是下列哪个流派的代表人物？（　　）

A. 山水诗　　B. 山水田园诗

C. 田园诗　　D. 新乐府诗

**【解析】**柳宗元，唐宋八大家之一，与韩愈并称“韩柳”，与刘禹锡并称“刘柳”，与王维、孟浩然、韦应物并称“王孟韦柳”，山水田园诗派代表人物，其诗歌以反映田园生活、描绘山水景物为主要内容。

4. 下列的唐宋八大家人物中，唐代的是（　　）。

A. 柳宗元　　B. 苏轼　　C. 苏辙　　D. 曾巩

5. 我国第一个把寓言写成独立文学的代表作家是（　　）

A. 韩愈　　B. 柳宗元　　C. 刘禹锡　　D. 李商隐

**【解析】**柳宗元是中国第一个把寓言正式写成独立文学作品的作家，开创了我国古代寓言文学发展的新阶段。

6. 现实主义诗人白居易是（　　）时期的诗人。

A. 初唐　　B. 中唐　　C. 晚唐　　D. 盛唐

7. 与元稹共同领导了中唐时期的“新乐府运动”，主张“文章合为时而著，歌诗合为事而作”的是（　　）。

A. 杜牧　　B. 杜甫　　C. 白居易　　D. 李白

8.《离思》是（　　）对亡妻的悼亡绝句，其中的名句有“曾经沧海难为水，除却巫山不是云”。

A. 苏轼　　B. 元稹　　C. 杜甫　　D. 李白

**【解析】**《离思》是唐代诗人元稹创作的七言绝句。诗人用世间至美的形象“水”“云”“花”来表达对妻子的无限怀念，用深情的笔触和真挚的情怀赞美了夫妻之间的恩爱，抒发了对妻子的爱恋与怀念之情。

9. 以下对元白诗派叙述不正确的是（　　）。

A. 白居易的《新乐府》五十首反映了众多社会问题

B. 白居易主张“文章合为时而著，歌诗合为事而作。为君、为臣、为民、为物、为事而作,不为文而作也”

C. 元白诗派诗人追求创作绝对真实、客观的作品

D. 元稹的乐府诗不如白居易那样能塑造生动的艺术形象

**【解析】**元白诗派追求的是通俗易解的风格,艺术趣味比较写实,但并非绝对真实、客观的作品。选项中如果出现过于绝对的词语,考生应多加注意。

**【答案】**

1. A　2. C　3. B　4. A　5. B　6. B　7. C　8. B　9. C

## 二、填空题

1.“寸草春晖”出自唐代诗人________的诗句,其含义是比喻父母的恩情难以报答。

2.“郊寒岛瘦”指的是唐代的两位诗人________、________。

3. 唐代著名的“苦吟诗人”是________,“推敲”的典故即由其诗句“僧敲月下门”而来。

4. 白居易、元稹倡导的______运动,主张诗歌要反映现实社会生活和民生疾苦,形式上要学习新乐府民歌的语言,做到通俗易懂、生动活泼。

5. 新乐府运动是由唐代诗人________提出来的;花间词派的创始者是晚唐词人________;婉约词派的代表人物有号“易安居士”的________和创作了《雨霖铃·杨柳岸晓风残月》的________等。

6.“文章合为时而著,歌诗合为事而作”是________的文学主张。

7. 白居易的两首长诗代表作分别是《长恨歌》和________。

8.“远芳侵古道,____________”,这句诗是由________代诗人________(人名)所写的,诗的全称是________________。

9.“满面尘灰烟火色”出自白居易的作品________。

10. 中唐著名诗人________,世人称之为“诗鬼”,他的《李凭箜篌引》以浪漫主义手法描写了音乐惊天地、泣鬼神的动人效果。

**【答案】**

1. 孟郊　2. 孟郊　贾岛　3. 贾岛　4. 新乐府　5. 白居易　温庭筠　李清照　柳永　6. 白居易　7.《琵琶行》　8. 晴翠接荒城　唐　白居易　《赋得古原草送别》　9.《卖炭翁》　10. 李贺

## 三、名词解释

**1. 张王乐府**

**答：**继杜甫和韦应物之后，大量创作乐府以反映社会现实的主要有张籍和王建这两位诗人，后人常称之为“张王乐府”。他们是元稹和白居易创作新乐府的先导。他们能结合中唐的社会现实，抨击时事；词义浅近，讲究艺术构思，对新题乐府的形式和表现都有较大贡献。

**2. 新乐府**

**答：**“新乐府”一名是白居易正式提出的，指的是一种用新题写时事的乐府式的诗，但不以入乐与否作为衡量的标准。元、白的新乐府讽喻诗广泛触及中唐的各种社会政治问题，反映现实的深度和广度都是中唐前期的新题乐府所不及的。

## 四、简答题

**1. 白居易的《琵琶行》中琵琶女的琴声和身世为什么能与诗人产生共鸣？谈谈你对“同是天涯沦落人，相逢何必曾相识”的理解。**

**答：**诗人经由两种途径了解了琵琶女，听她弹奏琵琶曲和听她诉说身世。从琵琶曲中，诗人听出了其“平生不得志”“心中无限事”，并且根据她的举止仪容，诗人隐约猜出了她的来历。听她诉说身世，更是直接了解到她昔日的风光和今天的落魄。诗人曾在长安参与朝政，如今却被贬谪僻地。他们经历了相似的人生的起落：自身有才华、曾在京都意气风发，现在落魄失意、沦落天涯、繁华不再、境况凄凉，所以产生了同病相怜的共鸣。

这两句诗直抒“天涯沦落”之感，为全诗的题眼。琵琶女的遭遇，让诗人审视自己的处境，生发出忧国遭贬的苦闷，诗人把这种苦闷与对琵琶女的同情交织在一起，是一种带有普遍意义的典型情绪。都是遭遇不幸的人，如今在此相逢，何必在乎我们是否曾经相识呢？“同是天涯沦落人，相逢何必曾相识”现已成为人们表达同病相怜、互相慰藉的名句。

**2. 根据“几处早莺争暖树，谁家新燕啄春泥。乱花渐欲迷人眼，浅草才能没马蹄”两联诗歌，回答下面的问题：**

(1)写出这两联诗的出处(作者、诗题)。

(2)诗歌描写的是什么季节的景象?

(3)诗歌是如何通过典型的意象突出季节特征的?

**答:**(1)这两联诗出自唐代诗人白居易的《钱塘湖春行》。

(2)诗歌描写的是早春景象。

(3)这四句是此诗的核心部分,同时也是描写西湖春光的点睛之笔。诗人用“早莺”和“新燕”,表明这是初春季节,“几处”而不是“处处”,“谁家”而不是“家家”,也表明了季节特征。一个“争”字,让人感到春光的难得与宝贵;一个“啄”字,描写出燕子忙碌而兴奋的神情。这两句着意描绘出莺莺燕燕的动态,表现了早春大自然刚从沉睡中苏醒过来时的活力。“乱花渐欲迷人眼,浅草才能没马蹄”通过花草的生发,表现出方兴未艾的盎然春意。花开未繁,但长势迅猛,所以是“渐欲”;草生未盛,所以是“浅”的,花草虽未茂盛,但都保持着旺盛的生命力,显示出蓬勃的春意。这些意象都突出了早春的季节特征。

# 第十二章　中唐古文运动

## 第一部分　考点归纳

### 第一节　古文运动的背景和文学主张

#### 一、古文和古文运动 ★★★

古文，由韩愈提出，作为文体，原指先秦两汉以来用文言写的散体文。

古文运动，指发生在唐德宗贞元到唐宪宗元和期间的一次文体革命。指导思想是文以明道，也就是要求用古文阐明儒学之道的基本宗旨，摆脱骈偶体裁的束缚，使形式为内容服务。主要领袖人物是韩愈和柳宗元，参加者有李观、李翱、欧阳詹、刘禹锡，以及韩愈的门生皇甫湜等人。

#### 二、中唐古文运动发生的背景 ★★

1. 历史渊源

唐天宝以来，萧颖士、李华、独孤及、元结、梁肃、柳冕等人提倡古文，成为古文运动的先驱。

2. 现实原因

唐王朝自安史之乱以来一直没有恢复元气。韩愈和柳宗元都主张对儒家思想加以清理，呼吁朝廷重用真正有才能有道德的人士，大力提倡儒家的"古道"，要求根据时势对周孔之道进行重新阐释，而骈文已经不能适应传播古道的要求，所以必须提倡古文。

### 三、古文运动的文学主张 ★★★

(1)学习古道必须兼通古文辞,只有通古文辞才能学到古道。

(2)学古文要学习古人措辞的意思,但不能照抄他们的文句,而是要树立自己的一家之言,不因袭模仿。

(3)加强作者的学识和道德修养,修养好,气势足,则文句的长短和声调的高下自然都会合适。

韩愈、柳宗元以丰富的古文创作实践了自己的理论主张,他们在学习先秦两汉散文的基础上,广泛吸取前代各种文学形式的艺术经验,根据当代口语提炼新的散文语言,创造出以奇句单行为主,有条理、有规律,适宜于说理、抒情、叙事的新散文。在他们的指点下,又涌现出一大批古文作家,这种新散文便成为中唐以来最流行合用的文体。

## 第二节　韩愈和柳宗元的散文

### 一、韩愈的古文 ★★★

韩愈的古文主要有以下两类:

(1)集中阐述他对古圣贤之道的看法,严厉批评不利于施行古道的社会风气,如《原道》《原人》《原性》《原毁》等。

(2)抒发自己困顿失意的牢骚,为广大才学兼备而仕途失意的寒庶文人鸣不平,如《进学解》《讳辩》《送孟东野序》等。

韩愈的文章雄奇奔放,大气磅礴,同时也善用辞赋铺陈排比,刻画出形形色色的世态人情。

韩愈追求"陈言之务去",在文体和语言方面极富创新性,创造出许多鲜明准确的比喻和词语,如"俯首帖耳""摇尾乞怜""垂头丧气""同工异曲""动辄得咎""贪多务得,细大不捐""深居简出""落井下石""杂乱无章""不平则鸣"等。

### 二、柳宗元的古文 ★★★

柳宗元的古文主要有以下三类:

(1)政论和哲学论文,从政治制度和哲学思想方面阐述他对圣人之道的理解,辨析先秦以来的各种学说,如《封建论》《天说》《天对》。

(2)寓言和杂感、传记类,对于种种世态人情和社会现象发表感想。寓言如《三戒》《临江之麋》《永某氏之鼠》《黔之驴》《蝜蝂传》;杂感、传记如《捕蛇者说》《童区寄传》《段太尉逸事状》等。

(3)寄托政治苦闷的山水游记,以《永州八记》为代表。

柳宗元散文的基本特色是风格峻洁严谨,立意新奇深刻,在思维的精密方面超过韩愈,但不像韩愈那样气势浑厚。

# 第二部分　课后习题详解

**1.以《杂说·其四》为例,谈谈韩愈杂感类散文的特点。**

**答:**韩愈的散文雄奇奔放,大气磅礴,波澜壮阔,创造了富有个性而又丰富多变的艺术风格和表现形式。

著名的《杂说·其四》以伯乐相马作为比喻,引出议论:世有伯乐,然后有千里马。千里马常有,而伯乐不常有。

全篇就比喻本身层层展开论证,先说能识马的伯乐不常有,致使千里马折辱于奴隶人之手;然后说养马者像对待普通的马一样给千里马供食;最后以养马人执策叹息天下无马的一幅漫画,使结尾宕出一波,点明关键不在有马无马,而在识马与否。论证过程就在比喻故事的叙述中完成,喻义和喻象融合无间。

**2.柳宗元《种树郭橐驼传》的寓意是什么?写法有何特点?**

**答:**柳宗元的传记类散文有不少思路类似寓言,重点不在于刻画人物,而在于从人物的事迹、技能和品格中引申出某种道理。如《种树郭橐驼传》为一个富有种树经验的郭橐驼立传,通过他所说的两种植树方法的对比,说出养物必须顺其天性的道理,进而将它与官府的治人之术类比,得出为官者应以植树之道为鉴的结论。

这篇文章写那些过分爱护树木的"他植者"以及不断干扰百姓的俗吏,用一系列琐细的动作表现不胜其烦的情状,上下两段对比,层层相扣,自然揭出寓意,加上排比句错落变化,颇有笔趣,体现了柳宗元写寓言式杂感的特点。

**3.试述柳宗元山水游记的艺术成就。**

**答:**柳宗元的山水游记很多,他在山水中探幽寻胜,主要是为了排解心中的郁闷,每篇的构思布局也随内容变化百出。

如《始得西山宴游记》写登临山顶后仰见天穹的高远寥廓,俯视群山的低矮渺小,通过夸张对比,烘托出西山雄奇挺拔的气势,抒写作者傲然独立、不与世俗为伍的精神。《钴鉧潭西小丘记》由小丘被弃在边荒的遭遇兴起慨叹,暗寓作者怀才不遇、沦落天涯的伤感。由于把小丘当作有生命有人情的对象来写,人与景的沟通和理解也表现得新颖别致,颇有情趣。柳宗元的山水游记中,既有精妙传神的景物描写,又蕴含着人与自然共鸣的理趣。辞采清丽,情韵深长,达到了诗一般的境界。

# 第三部分 典型习题详解

## 一、选择题

1.文集《昌黎先生集》的作者是(　　)。

A.韩愈　　B.欧阳修　　C.白居易　　D.柳宗元

2."文以载道"是下列哪位文学家的主张?(　　)

A.韩愈　　B.柳宗元　　C.白居易　　D.周郭颐

**【解析】**韩愈的文学理论和主张是"文以载道""文道结合",反对六朝以来的骈偶之风,提倡先秦、两汉的散文,文学上主张"陈言之务去"。

3.唐代古文运动的领袖人物是(　　)。

A.陈子昂、"初唐四杰"　　B.李白、杜甫

C.韩愈、柳宗元　　D.白居易、元稹

4.《捕蛇者说》的作者是(　　)。

A.白居易　　B.柳宗元　　C.周敦颐　　D.刘禹锡

5.韩愈、柳宗元是中唐古文运动的领袖,以下有关韩、柳古文理论观点描述不正确的是(　　)。

A.古文是指取法三代两汉的以奇句单行为主要特征的散体之文

B.古文运动反映了政治变革与儒学复兴的深刻要求

C.为振兴古文创作,韩、柳主张模仿前人的创作,以倡导复古,因此缺乏创

新意识

D. 柳宗元与韩愈攘斥佛老的态度有所不同，他并不排斥佛老，力图统合儒释

**【解析】**韩愈提出“陈言之务去”和“词必己出”，可见他虽主张写“古文”，倡导复古，但反对因袭古人之文而缺乏创新，这是其古文理论进步之处。

**【答案】**

1. A　2. A　3. C　4. B　5. C

## 二、填空题

1. ________，字退之，唐代文学家，唐代“古文运动”的倡导者，“唐宋八大家”之首，著有《昌黎先生文集》。

2. 韩愈在《调张籍》中有“李杜文章在，______________”的名句。

3. 柳宗元写有著名的________，其中最著名的是《小石潭记》。

**【答案】**

1. 韩愈　2. 光焰万丈长　3.《永州八记》

## 三、简答题

**1. 简述韩、柳古文思想之异同。**

**答：**韩愈、柳宗元在继承前人的基础上，提出了更为明确、更具现实针对性的古文理论，但是他们的古文思想也不尽相同。

（1）相同点

“文以明道”是韩柳古文运动的理论基础。兴圣人之道，除时政之弊是他们的共同理想。

（2）不同点

①排斥、信仰的对象不同。

韩愈排斥佛老，但迷信天命鬼神；柳宗元反对天命，但尊佛。

②侧重点不同。

韩愈侧重于道德教化，柳宗元侧重于解决实际问题。

③论“道”的角度不同。

韩愈的文章反复强调要“无诱于势利”，文章大都围绕着得人进贤之道，论

述士人的道德修养,排斥士大夫中不利于行道的歪风陋习等;柳宗元则多从典章制度、时令刑政、天人关系以及辨析先秦典籍等方面立论。

**2.韩愈和柳宗元散文创作的特色比较。**

**答:**(1)韩愈和柳宗元散文创作的相同点

①韩愈、柳宗元以丰富的古文创作实践了自己的理论主张,他们在学习先秦两汉散文的基础上,广泛吸取前代各种文学形式的艺术经验,根据当代口语提炼新的散文语言,创造出以奇句单行为主,有条理、有规律,适宜于说理、抒情、叙事的新散文。

②将浓郁的情感注入散文之中。

韩愈的散文雄奇奔放,大气磅礴,波澜壮阔,被誉为“如长江大河,浑浩流转”。文章吸取辞赋铺陈排比的句法,淋漓尽致地刻画出形形色色的世态人情,嬉笑怒骂,笔调冷峻。柳宗元的散文风格峻洁严谨,立意新奇深刻,其寓言和杂感、传记类,对于种种世态人情和社会现象发表感想。二人都将浓郁的情感注入散文中,大大加强了作品的抒情特征和艺术魅力。

(2)韩愈和柳宗元散文创作的不同点

①文体上,韩愈的散文以论说文、杂文和碑文为主,柳宗元的散文则以寓言、杂感、传记类和山水游记为主;

②风格特点上,韩愈侧重于道德教化,柳宗元侧重于解决实际问题。

# 第十三章　晚唐诗文

## 第一部分　考点归纳

### 第一节　杜牧和李商隐

#### 一、杜牧 ★★★

杜牧，字牧之，晚唐著名的诗人和古文家，有《樊川文集》《樊川诗集》。

杜牧的诗歌风华流美、清新俊逸，在萎靡的晚唐诗坛上以俊迈雄健的气概“独持拗峭”。代表作有七律《早雁》、七绝《江南春》《泊秦淮》《华清宫》等。

杜牧也是晚唐的散文大家，文章以政论文为主，论事能合于时势，切中要害，作品有《阿房宫赋》等。

**【真题回顾】**杜牧《登乐游原》：“长空澹澹孤鸟没，万古销沉向此中。看取汉家何事业，五陵无树起秋风。”对诗意理解不正确的是(　　)。

A. 诗人借汉室的兴亡，抒发了对唐王朝衰落的感叹

B. 诗人在历史兴亡的描写中，抒发了理想失落之感

C. 诗人将历史的兴亡与理想的失落融入秋景的描写中

D. 诗人创作此诗的目的是展现秋天萧瑟的景象

**【答案】**D

**【解析】**分析诗意，要着意诗人写作的背景，时代环境等。杜牧生活于晚唐，此时社会状况复杂、战乱频繁、经济衰退、王朝没落。

### 二、李商隐 ★★★

李商隐，字义山，有《李义山诗集》，擅长七律和七绝，风格精丽。其诗歌大都为感伤基调，最有特色的是政治讽刺诗和爱情诗两大类：前者中艺术成就最高的是咏史诗，以讽刺君王荒淫误国的为最多，如《隋宫》《贾生》等；后者多用"无题"或者首句的头两个字作为诗题，如《无题》《锦瑟》等。

李商隐的诗歌艺术对后代影响深远，有些宋词大家也爱好他在炼字、用典和构思方面力求深隐的特点。

### 三、温庭筠 ★★

温庭筠，字飞卿，有《温飞卿诗集》，其诗歌的主要内容是感叹怀才不遇、孤芳自赏，作品有五律《商山早行》等。温诗的主要艺术特色是典丽精工、婉曲含蓄，对花间词派有明显影响。

## 第二节　晚唐小品文

晚唐散文中出现不少杂谈类的小文章，追求一种轻松幽默的倾向，促进了小品文的发展。但唐末小品文真正显露出光彩和锋芒，还是在皮日休、陆龟蒙、罗隐这三位作家出现之后。

### 一、皮日休 ★

皮日休推崇韩愈，继承发扬了古文运动的精神，善于在重叠句中通过关键字面的对换，构成对比句式，一针见血地概括种种社会现象。他的语录体小品文具有锋利、警策、隽永的独特风格。

### 二、陆龟蒙 ★

陆龟蒙创作了许多富有知识性、趣味性和讽刺性的随感、漫笔和杂谈，善于通过日常生活琐事的描写来阐发微言大义，如《记稻鼠》。

### 三、罗隐 ★

罗隐自编《谗书》，主要特点是：

(1)取材于史传，对某些史实做翻案文章，从而对某种传统观念提出质疑；

(2)经常采用故事新编的形式，有时甚至虚构故事。

## 第二部分　课后习题详解

**1.杜牧的七绝有什么特点？**

**答：**杜牧的七绝风调绝佳，许多名篇被广为传诵。他创造的明快优美的意境具有盛唐诗善于概括、画面鲜明的传统特点。如著名的《江南春》：

千里莺啼绿映红，水村山郭酒旗风。

南朝四百八十寺，多少楼台烟雨中。

诗人采用大全景的视野，展开千里江南的山水长卷，以巨大的魄力将最富有江南特色的景物集中在一起，概括了整个江南历经兴亡盛衰而繁华依旧的风貌，烟雨迷蒙的春色中又隐约流露出诗人对国运的忧虑。再如《泊秦淮》：

烟笼寒水月笼沙，夜泊秦淮近酒家。

商女不知亡国恨，隔江犹唱后庭花。

建康作为六朝故都，一度繁盛之极。到晚唐时，这里仍是富贾士子寻欢作乐的地方。但诗人却从眼前醉生梦死的景象看到了六朝的兴亡，将历史的虚幻感和对现实的思考融进了秦淮河迷茫如画的优美意境之中。

杜牧的七绝追求高远的意境和豪迈的气魄，保持了盛唐诗积极进取的精神、善于发现和提炼自然美的敏感以及高度的艺术概括能力，这也是他能独立于晚唐诗坛的根本原因。

**2.举例说明李商隐咏史诗的特色。**

**答：**李商隐的政治讽刺诗中艺术成就最高的是咏史诗，以讽刺君王荒淫误国的为最多。如《隋宫》：

乘兴南游不戒严，九重谁省谏书函？

春风举国裁宫锦，半作障泥半作帆。

隋炀帝为南游扬州，开通运河，甚至赐死上书谏阻的朝官。此诗选取春耕时节,举国上下却忙于裁剪宫锦准备做障泥和船帆的典型事例,描写了隋炀帝从水陆两路大举南游的排场,尖锐地揭示了隋朝灭亡的原因就在于炀帝的游乐无度及其导致的民生凋敝。

再如《贾生》:

宣室求贤访逐臣,贾生才调更无伦。

可怜夜半虚前席,不问苍生问鬼神。

贾谊被贬为长沙王太傅后,汉文帝曾将他召回长安,在祭祀完毕后接见他,谈论鬼神一事,一直到夜半。李商隐由文帝与贾生谈论鬼神之事生出感想,先大力渲染文帝求贤的诚恳和虚心,然后以"问"与"不问"的对比,点出文帝关心的并不是苍生之事,从而产生了令人啼笑皆非的艺术效果。

**3. 皮日休、陆龟蒙、罗隐的小品文有什么代表作?其讽刺艺术各有什么特点?**

**答:**(1)皮日休,代表作《鹿门隐书》六十篇,善于在重叠句中通过关键字面的对换,构成对比句式,一针见血地概括种种社会现象。这类句法将韩愈散文爱用古今对比的手法高度浓缩,使深刻的社会内涵通过对比便得到透彻的揭示。他的语录体小品也因此形成了锋利、警策、隽永的独特风格。

(2)陆龟蒙,代表作《记稻鼠》,主要特点是善于通过日常生活琐事的描写来阐发微言大义,如渔隐耕作、田舍风光、四时节气、风土民俗等,虽是极平常的生活,但都能由小见大,从中挖掘出深刻的社会问题和人生哲理,反映出唐末尖锐的社会矛盾和衰乱的时代面相。

(3)罗隐,代表作《谗书》,主要特点是:第一,取材于史传,对某些史实做翻案文章,从而对某种传统观念提出质疑;第二,经常采用故事新编的形式,有时甚至虚构故事。

# 第三部分　典型习题详解

## 一、选择题

1. 唐朝是一个诗人辈出、群星璀璨的时代,下列诗人中,生活在晚唐的是(　　)。

A. 王维　　B. 陈子昂　　C. 李白　　D. 李商隐

2.“春蚕到死丝方尽，蜡炬成灰泪始干”的作者是（　　）。

A. 孟浩然　　B. 李商隐　　C. 杜甫　　D. 杜牧

3. 李商隐的诗歌风格是什么？（　　）

A. 俊爽峭健　　B. 深情精丽　　C. 清奇僻苦　　D. 正大高华

4.“此情可待成追忆，只是当时已惘然”出自（　　）的作品。

A. 李清照　　B. 柳永　　C. 李商隐　　D. 苏轼

5.“诗中三李”指的是（　　）。

A. 李白、李欣、李商隐　　B. 李白、李贺、李峤

C. 李白、李商隐、李甫　　D. 李白、李商隐、李贺

6.《阿房宫赋》是（　　）的代表作。

A. 白居易　　B. 元稹　　C. 杜牧　　D. 李商隐

7.“商女不知亡国恨，隔江犹唱后庭花”出自（　　）的作品。

A. 李商隐　　B. 韩愈　　C. 杜甫　　D. 杜牧

8. 古代描写儿童时，多注意动作细节的刻画。下列细节描写中，以动作取代声音的是（　　）。

A. 篱落疏疏一径深，树头花落未成阴。儿童急走追黄蝶，飞入菜花无处寻

B. 草长莺飞二月天，拂堤杨柳醉春烟。儿童散学归来早，忙趁东风放纸鸢

C. 白酒新熟山中归，黄鸡啄黍秋正肥。呼童烹鸡酌白酒，儿女嬉笑牵人衣

D. 蓬头稚子学垂纶，侧坐莓苔草映身。路人借问遥招手，怕得鱼惊不应人

**【答案】**

1. D　2. B　3. B　4. C　5. D　6. C　7. D　8. D

## 二、填空题

1. 唐代诗人中与杜牧合称为“小李杜”的是________。

2. 李商隐的《无题・相见时难别亦难》中的名句是__________，__________。

3. 杜牧在《过华清宫》中写道“一骑红尘妃子笑，无人知是荔枝来”，其中的“妃子”指________。

**【答案】**

1. 李商隐　2. 春蚕到死丝方尽　蜡炬成灰泪始干　3. 杨贵妃

## 三、名词解释

**无题诗**

**答:**李商隐有相当一部分爱情诗,用“无题”或者首句的头两个字作为诗题。这些无题诗内容和表现手法相似,都写得迷离隐约,寓意难以确解。在这类诗里,他将汉魏古诗的比兴手法和齐梁体的绮靡风格结合起来,多用比喻、典故、象征,甚至借咏物来暗示,许多意象互不连贯,从而形成了神秘隐约而又浓艳的独特风致。

## 四、简答题

**请谈一谈李商隐诗歌的艺术特色。**

**答:**李商隐是晚唐最杰出的诗人之一,他用细腻丰富的感情,象征、暗示等手法,表现朦胧的情思,把诗歌表现心灵深层世界的能力推向了无与伦比的高峰,创造了唐诗最后的辉煌。朦胧、多义、用典、炼字是其诗歌的特点。

(1)朦胧。李商隐不像一般诗人,把情感内容具体化,用尽可能清晰的方式揭示出来。为了表现复杂矛盾甚至怅惘莫名的情绪,他善于把心灵中朦胧的图景化为恍惚迷离的诗的意象。这些意象有某种象征意义,而究竟象征什么,读者又难以猜测,遂形成了如雾里看花的朦胧诗境。

(2)多义。境界和情思的朦胧,使内涵具有多义性。不同的解读之间可能比较接近,也可能相差很远。李商隐诗的多义性与其丰富的想象分不开。一般诗人所用意象,客观性较强,能以常规的方式去解读。而李商隐的诗中多非现实的色彩,内涵丰富,含义多变。根本原因在于他把心灵世界作为表现对象,许多诗歌所写的不只一时一事,乃是整个心境。

(3)大量用典。李商隐诗中的典故不是用以表达某种具体明确的意义,而是借以传递自身的情绪感受。

(4)锤炼字词,工于造句。李商隐的诗语言凝练而丰富。他不但注重锤炼实词,而且对虚词、叠词的选择也十分用心,使诗歌意境新颖,蕴涵丰富。

李商隐的诗歌艺术对后代影响极为深远,连有些宋词大家也爱好他在炼字、用典和构思方面力求深隐的特点,有意效仿其风格的诗人更是不可胜数。

# 第十四章　唐传奇

## 第一部分　考点归纳

### 第一节　唐传奇兴起的原因和发展过程

#### 一、传奇的定义和唐传奇兴起的原因 ★★

1. 传奇的定义

“传奇”一指唐代的小说，二指明清的戏曲。所谓唐传奇得名于晚唐裴铏的小说书《传奇》，后人便以传奇概指唐代文人小说。

2. 唐传奇兴起的原因

(1)汉魏六朝志怪、轶事小说的创作成果为唐传奇提供了很多素材和写作经验；

(2)唐代城市经济繁荣，市民需要文化娱乐；

(3)唐代士人在科举考试前，要先向考官献上自己平时的作品，称为“温卷”。当时用诗文小说温卷的风气很盛，传奇可表现文才、诗笔和议论，因此促使唐传奇形成了诗歌与散文相结合、抒情与叙事相结合的独特风格。

#### 二、唐传奇的三个发展阶段 ★★

唐传奇的三个发展阶段如表 14-1 所示。

表 14-1 唐传奇的三个发展阶段

| 阶段 | 发展特点 | 代表作品 |
|---|---|---|
| 初盛唐 | 数量少,思想内容也差,受六朝志怪小说影响较深,但已经注意到形象的描绘和结构的完整 | 王度的《古镜记》、无名氏的《补江总白猿传》、张鷟的《游仙窟》等 |
| 中唐 | 繁荣时期,作家多、名作多,大多表现社会人生的主题,即使是神怪题材,也有较强的现实性 | 沈既济的《枕中记》、李公佐的《南柯太守传》、李朝威的《柳毅传》、蒋防的《霍小玉传》、白行简的《李娃传》、元稹的《莺莺传》等 |
| 晚唐 | 传奇中的神怪气氛复盛,与现实生活逐渐疏远,但数量未曾减少,且出现了许多专集 | 牛僧孺的《玄怪录》、李复言的《续玄怪录》、牛肃的《纪闻》、薛用弱的《集异记》、袁郊的《甘泽谣》、裴铏的《传奇》《聂隐娘》等 |

## 第二节 中唐传奇的繁荣

中唐传奇逐渐脱离了志怪的写作,多以人物故事为主题,更富有人情味;游侠和恋爱故事较多;不少通过"梦"来构思展开情节,代替了神怪的荒诞想象。

### 一、《枕中记》和《南柯太守传》★

《枕中记》,沈既济作;《南柯太守传》,李公佐作。

这两篇故事都从六朝的《焦湖庙祝》发展而来,以梦的故事讽刺士大夫醉心名利,很有典型意义,"黄粱一梦"和"南柯一梦"后来都成为著名成语。

### 二、《柳毅传》和《霍小玉传》★★

《柳毅传》,李朝威作。这篇小说的特色是:(1)善于在情节发展的关键处设计精彩的场面描写;(2)人物描写生动传神,能与环境描写相融合,富有浓厚的浪漫色彩以及真幻参半的趣味。

《霍小玉传》,蒋防作。这篇小说不以情节的曲折取胜,而以叙述的委婉和描写的细腻见长。

### 三、《李娃传》和《莺莺传》★

《李娃传》,白行简作。这篇小说故事情节曲折细致,对娼家的势利、士族的冷酷揭露得十分深刻。

《莺莺传》，元稹作。思想性和艺术性均不如上述几篇，但这个故事对后世影响很大，从唐代到金代的诸宫调《西厢记》，再到元代王实甫的《西厢记》，中间有一个很长时间的完善过程。

## 第二部分　课后习题详解

**1. 简述《柳毅传》的故事梗概，说说柳毅这个人物形象的塑造。**

**答：**(1)《柳毅传》故事梗概：写落第书生柳毅为龙女传书，几经曲折，最后和龙女结成美满姻缘的故事。

(2)柳毅人物形象的塑造：柳毅的身上体现了正直无私、见义勇为、言守信义、行重操守的美德。他不避艰辛，为受泾水小龙虐待的龙女送信给老龙王，完全出于对受害者的同情，没有夹杂任何私心。在钱塘君乘酒使性，逼他与龙女成亲时，他虽然对龙女有爱慕之情，但仍坚持以信义为上，表现出威武不能屈、富贵不能淫的品格和骨气。

**2.《霍小玉传》反映了唐代的什么社会问题?**

**答：**《霍小玉传》不仅写了痴心女子负心郎的悲剧，还批判了唐代以家世门第作为婚姻基础的社会观念。六朝旧士族在唐代虽然衰落，但是门第观念仍然根深蒂固。李益服从家长意志，为攀附卢氏大族而抛弃小玉，正是悲剧的根源。小玉虽然希望能有一个理想的才貌双全的爱人，但深知自己地位微贱，不可能靠爱情维系牢固的婚姻关系，只能对李益提出一点可怜的希望：与自己相处八年。八年后年老色衰，甘心被人抛弃。但是她就连这一点愿望也没有实现，这就深刻地揭示了这个悲剧的社会意义。

## 第三部分　典型习题详解

### 一、选择题

1. 唐传奇是(　　)。

A. 唐代文人用白话写的长篇小说

B. 唐代文人用白话写的短篇小说

C. 唐代文人用文言写的长篇小说

D. 唐代文人用文言写的短篇小说

2.《西厢记》的故事最早来源于唐代元稹的小说(　　),王实甫将其改造成一部爱情喜剧。

A.《牡丹亭》　　B.《莺莺传》

C.《紫钗记》　　D.《南柯记》

3. 以下对唐传奇发展表述不正确的是(　　)。

A. 初唐时期的六朝志怪、志人小说已发展成熟

B. 不同于六朝志怪小说,唐传奇更多是呈现作者自己的俳谐意趣

C. 元稹的《莺莺传》虽然思想性和艺术性不如《李娃传》,但其对后世影响很大

D. 中唐传奇有一些借寓言、梦幻以讽刺社会的作品,如《枕中记》

**【解析】**初唐时期是由六朝志怪、志人小说向成熟的唐传奇的过渡时期,作品数量较少,艺术上也不够成熟。

**【答案】**

1. D　2. B　3. A

## 二、填空题

1. 唐传奇是唐代产生的文言文短篇小说,________的《柳毅传》、元稹的《莺莺传》、白行简的《李娃传》都是其中的名篇。

2. 元稹的《莺莺传》讲述的是崔莺莺与________的爱情故事。

**【答案】**

1. 李朝威　2. 张生

# 第十五章　晚唐五代词

## 第一部分　考点归纳

### 第一节　词的起源和形式

#### 一、词的音乐背景 ★

中晚唐以后，市井文化的发展、音乐的世俗化，加上晚唐诗歌中新的表现方式和口语化的倾向，与自由的长短句结合在一起，促进了词的产生。

词的出现，与音乐直接有关。中晚唐俗乐流行，根据曲调节拍填词的曲辞叫作"曲子词""歌词"，或简称为"词"。

#### 二、词的体裁特征 ★

(1)每个词调都有调名(词牌)，如[蝶恋花][菩萨蛮]等；
(2)根据乐曲的遍数分片(分片方式有一片、二片、三片、四片)；
(3)押韵方式因调而异；
(4)句式长短不齐。

### 第二节　敦煌曲子词

#### 一、敦煌曲子词的发现 ★

1900年，敦煌鸣沙山藏经洞被打开，一大批珍贵文献现世，其中有数百首词曲。从敦煌卷子中清理出来的唐五代词曲,就称为敦煌曲子词,或称为敦煌歌辞。

### 二、敦煌曲子词的特点 ★

敦煌曲子词艺术上很粗糙,但也有一些清新质朴、生活气息浓厚的佳作。

## 第三节　唐代文人词

### 一、中唐文人词 ★

唐代文人根据曲调节拍填写的歌词有齐言和杂言。现在一般认为创作杂言曲子词最早的作家有中唐的刘长卿、戴叔伦、韦应物、王建、刘禹锡、白居易、张志和等。代表作有韦应物的《调笑令》、张志和的《渔歌子》、白居易的《忆江南》等。

### 二、温庭筠词 ★

温庭筠是第一个大量创造词牌的作家。他的词主要描写男女间的离愁别恨,偶尔抒发自己失意的哀怨。温词的主要特色是色彩华丽绮艳,表情隐约细腻,温因此被五代花间词派奉为始祖。

## 第四节　花间词和南唐词

### 一、花间词 ★

五代后蜀赵崇祚选录温庭筠、皇甫松、韦庄、和凝、孙光宪、李珣等十八家词,计五百首,结为《花间集》。其共同特点是用华丽的辞藻和婉约的构思集中描写女性的美貌、服饰以及她们的离愁别恨,从而形成花间词派。

花间派词人多数是宫廷、豪门的清客,作品内容较为单调贫乏,但不少在艺术上有可取之处,如牛希济的《生查子》、皇甫松的《望江南》。

在花间派词人中,韦庄词风格较疏淡自然、平易晓畅,富有民歌抒情意味,

《菩萨蛮》是其名作。

### 二、南唐词 ★★

南唐词也是在宫廷和豪门享乐的基础上发展起来的，但南唐词人都是帝王宰相等最高层的统治者，在学术、艺术领域有广泛的涉猎和较高的造诣。他们开始用词歌咏人生，多少表现一些士大夫的思想感情，因而超过花间词的艳科绮语，成为士大夫词的先驱。代表作家有以下三位：

(1)冯延巳，其词情致缠绵，语言清新，具有中晚唐七绝的风韵，开北宋一代词风。《谒金门》是其压卷之作。

(2)南唐中主李璟，其《山花子》二首堪称佳作。

(3)南唐后主李煜，前期以写宫中生活为主，显示出才情蕴藉而又多愁善感的特点，如《清平乐》；后期词均为哀伤身世、思念故国之作，如《浪淘沙》《虞美人》。

## 第二部分　课后习题详解

**1.花间词和南唐词的基本差别是什么？**

**答：**花间词和南唐词的基本差别是描述的内容不同：花间词是用华丽的辞藻和婉约的构思集中描写女性的美貌、服饰以及她们的离愁别恨；南唐词是用词歌咏人生，多少表现一些士大夫的思想感情，因而超过了花间词的艳科绮语。

**2.李后主后期词为什么能引起人们的共鸣？**

**答：**李后主后期词把历代诗歌言志述怀的传统引进词体，改变了温、韦以来词仅用于应酬、娱乐的趋向。他的词风接近唐人绝句，善用清丽的语言、白描的手法，抓住生活感受中最深刻的方面，动人地把情感表达出来，并能概括某种人生体验，因而能引起人们的共鸣。王国维说：“词至李后主而眼界始大，感慨遂深，遂变伶工之词而为士大夫之词。”(《人间词话》)这句话精准地道出了李后主对词的巨大贡献。

# 第三部分　典型习题详解

## 一、选择题

1.“问君能有几多愁,恰似一江春水向东流。”出自(　　)的词作。

A. 李清照　　B. 柳永　　C. 李煜　　D. 李商隐

2. 我国最早的一部文人词总集是(　　)。

A.《花间集》　　B.《教坊记》

C.《云谣集杂曲子》　　D.《二主集》

3. 古人常写愁绪,但对“愁”的态度不尽相同。下列诗句中,诗人对“愁”表现出无奈之情的是(　　)。

A. 无言独上西楼,月如钩,寂寞梧桐深院锁清秋。剪不断,理还乱,是离愁

B. 心中得胜暂抛愁,醉卧京风拂簟秋。半夜觉来新酒醒,一条斜月到床头

C. 梁园歌舞足风流,美酒如刀解断愁。忆得少年多乐事,夜深灯火上樊楼

D. 曳过雨脚云归岫,涌出山头月满楼。一曲清歌一杯酒,为君洗尽古今愁

**【解析】**抓住题目“无奈”二字解题,选项B的“暂抛愁”、选项C的“解断愁”、选项D的“洗尽愁”均是忘却愁,未体现“无奈”之意。

**【答案】**

1. C　2. A　3. A

## 二、填空题

1. 温庭筠被尊为________派鼻祖,“过尽千帆皆不是,斜晖脉脉水悠悠,________。”(《望江南》)为其著名词句。

2.“流水落花春去也,__________”,出自李煜写的词。

3. 南唐后主李煜的《________》中的名句是:“雕栏玉砌应犹在,只是朱颜改,________,恰似一江春水向东流。”

**【答案】**

1. 花间　肠断白蘋洲　2. 天上人间　3. 虞美人　问君能有几多愁

## 三、简答题

**1. 默写李煜的《虞美人》(春花秋月何时了……)。谈谈它抒发的情感,并简析创作手法。**

**答:**春花秋月何时了,往事知多少?小楼昨夜又东风,故国不堪回首月明中。雕栏玉砌应犹在,只是朱颜改。问君能有几多愁,恰似一江春水向东流。

这首词开头连发两问,直道岁岁花开、年年月满,前视茫茫,不觉厌春秋之长的心情,烘托出"故国不堪回首月明中"的物是人非之感。结尾以一江春水比喻难以排遣的愁,极其新奇而贴切。水向东流,是无法挽回的趋势,江水的去向正是故都金陵。因而向东奔流的一江春水,就像载着亡国之君的一江之愁不停地流向故国,这就使全词虽然悲哀至极,却自有一股充沛的感情力量奔泻而来。尤其末句气势奔放而深意内含,千年来为人传诵不绝。

**2. 请简单评价"花间词派"。**

**答:**(1)花间词人具有不同于传统诗人的传达闺情的方式。

①他们的词描绘景物富丽、意象繁多、构图华美、刻画工细,能唤起读者视觉、听觉、嗅觉的美感。由于注重锤炼文字、音韵,从而形成隐约迷离幽深的意境,其词在意象、意旨方面有独特之处。

②花间词意象充满浓郁的富艳气息,其共性是侧重表现富艳之物的盛衰,出现时都对应着女性的孤独哀愁。

(2)花间词多面目雷同且缺乏真情。

这是花间词作为娱乐性艺术和消费艺术所带来的必然结果。

①绮情闺怨是花间词的第一主题,这主要是因为花间词多为应歌而作。

②《花间集》中也有少数表现边塞生活和异域风情的词,如牛希济的《定西蕃》,表现塞外荒寒,征人梦苦,风格苍凉悲壮;李珣的《南乡子》、孙光宪的《风流子》,表现南国渔村的风俗人情。

# 第十六章　北宋诗词散文

## 第一部分　考点归纳

### 第一节　欧阳修与北宋诗文革新

#### 一、宋初王禹偁对“五代体”的变革 ★

五代时期,文风衰薄浮艳,首先提倡变革文风的是王禹偁。

王禹偁主张学习韩愈、柳宗元的古文和杜甫、白居易的乐府诗,写了不少反映社会弊病、同情民生疾苦的诗篇。他融合新乐府讽刺时事和古文运动推崇道德的精神,将复兴古道和补察时政密切联系起来,成为振作宋初文风的文坛领袖。

#### 二、范仲淹的诗词散文 ★★★

范仲淹是主持“庆历新政”的改革家、政治家,文章以政论、史论为主,而且颇多滔滔不绝的长篇大论,风格典雅纯实。但也有一些抒情散文,格调极高,作品有《岳阳楼记》《江上渔者》《渔家傲》等,为宋词开拓了壮阔的意境。

#### 三、欧阳修排黜“西昆体”和“太学体”的功绩 ★★

1. 抵制“西昆体”

西昆体讲究声律辞藻、堆砌典故,以石介、孙复和以尹洙、苏舜钦、欧阳修为代表的两大群体主张全面复古,学习韩愈,而石介对“西昆体”的攻击最为激烈。

2. 排抑"太学体"

欧阳修担任科举的主考官时，大力提倡"三苏"(苏洵、苏轼、苏辙)、王安石、曾巩等博古通今的"有用之言"，要求学者研究古道必须适用于当今时务。他自己也以平易简洁的文风为一代文人作出表率。

3. "唐宋八大家"的形成

在北宋诗文革新的过程中，出现了欧阳修、王安石、"三苏"等多位杰出的散文大家，他们与中唐韩、柳古文运动的精神一脉相承，又各具鲜明的艺术风格，不但带动了北宋散文的全面繁荣，促使我国古代散文出现了秦汉文之后的第二个高峰，还对元明清散文产生了深远的影响。

韩愈、柳宗元、欧阳修、王安石、曾巩、苏轼、苏洵、苏辙八人的古文被选编成《唐宋八大家文钞》，"唐宋八大家"的名号从此确立。

## 四、欧阳修 ★★★

欧阳修，号六一居士，历任朝廷和地方多种职务，也曾屡遭贬谪，谥"文忠公"。著有《欧阳文忠公集》《六一词》。

欧阳修的散文数量很多，成就也最高。政论、史论以义理取胜，爱好平淡简洁的文风，写得雍容舒缓，抑扬顿挫，不露锋芒。史论中最著名的代表作为《五代史伶官传序》，文论的名篇有《梅圣俞诗集序》，写景、抒情、记人的散文名篇如《醉翁亭记》。

欧阳修的词现存《六一词》，词风清丽委婉。内容主要还是恋情相思、离愁别恨，与他那些庄重的诗文相比，较为自由地抒写了个人的情感生活，如《踏莎行》。

## 五、梅尧臣和苏舜钦 ★★

梅、苏都是欧阳修诗文革新的支持者，但两人诗风有所不同。

梅尧臣著有《宛陵先生集》，主张继承《诗经・国风》和《离骚》的怨刺精神，以诗歌比兴寄托，反对空洞华丽的诗风。

苏舜钦因支持范仲淹被贬，著有《苏学士文集》，文集中颇多伤时感事之作，如《城南感怀呈永叔》《吴越大旱》。其诗歌特点是笔力雄健、豪迈奔放，但也有清新秀朗的佳作,如《淮中晚泊犊头》《沧浪亭记》等。

### 六、王安石 ★★★

王安石主张政治改革,实行变法,屡次被罢相和起用,最后由于朝廷废除新法而忧愤成疾病卒。著有《王文公文集》。

1. 散文成就

王安石是著名的改革家和政治家,其散文大多是政论、史论和学术著作,从来不说空话,文风也如其人,立意新警,言简意赅,锋芒犀利,作品有《答司马谏议书》《读孟尝君传》《游褒禅山记》等。

2. 诗歌特色

内容充实,具有鲜明的政治倾向和不同流俗的个性,特别是那些涉及时事的诗歌,往往议论纵横,概括能力很高,代表作为《河北民》。王安石还善于通过评价历史人物来抒发自己的政治抱负,如《明妃曲》。此外,他还有不少清丽精工的小诗,以意境新鲜、善于炼字著称,如《元日》《书湖阴先生壁》《泊船瓜洲》《桂枝香》等。

## 第二节　苏轼

苏轼,字子瞻,著有《东坡全集》《东坡乐府》等。苏轼具有经邦治国、改革政治的大志,他反对因循守旧,却又不赞成新法,加上性格耿直、看重操守,因而在新旧党争中遭受了许多政治磨难。但他始终能在逆境中保持豪爽开朗的性格和达观的人生态度。

### 一、散文成就 ★★★

苏轼的散文大致可分为三类,如表 16-1 所示。

**表 16-1　苏轼的散文**

| 类别 | 描述 | 代表作 |
|---|---|---|
| 奏议、进策、史论和科举文章 | 写得最好的是历史人物论。这些文章博采史事，借古论今，滔滔雄辩，笔势纵横，尤其善于从旧史料中翻出新见解 | 《贾谊论》《留侯论》等 |
| 记、传、碑、赋等写景抒情、论人记事的散文 | 为亭台楼阁做的题记名篇最多，一般都是从题名的原因上做文章，叙述、描绘、议论错杂并用，构思布局变化无穷 | 《喜雨亭记》《放鹤亭记》《石钟山记》《前赤壁赋》《后赤壁赋》《记承天寺夜游》等 |
| 书简、杂著和题跋 | 或叙友情，或述襟怀，或谈文艺，或论学术，文笔轻松，篇幅短小，是散文中最自由活泼的体裁 | 《日喻》等 |

## 二、诗歌特色 ★★★

(1)表现了同情百姓、关心农业生产的可贵情怀，如《吴中田妇叹》《秧马歌》《游博罗香积寺》。

(2)对国运的忧虑时有流露，如《祭常山田回小猎》《和子由苦寒见寄》写他对北宋日益深重的边防危机的清醒认识以及报国壮志。

(3)抒发自己在政治浮沉中的人生感慨，将他在仕途上的失意和怀乡的深情寄寓在对自然之美的欣赏中，体现了爽朗豁达的个性，如《游金山寺》。

(4)善于在日常生活和自然景色中即景寓意、因物寓理，悟出前人未发现的新意妙理，如《题西林壁》《惠崇春江晚景》。

(5)善用比喻。如《六月二十七日望湖楼醉书》《饮湖上初晴后雨》。

## 三、词的创新 ★★★

苏轼对词的革新主要体现为：将诗的境界引入词里，把词的题材从儿女私情、羁旅行役扩大到怀古咏史、悼亡送别、说理谈玄、感时伤事、山水田园等，用以抒写自己的性情抱负、胸襟学问，从而使词和诗同样具有言志述怀的作用，这就大大提高了词的品格。

苏词的主要特点是豪放、潇洒、飘逸，如《水调歌头》《念奴娇·赤壁怀古》。苏轼开拓出豪放词派，其后辛弃疾成就最高，因而这一派又被称为苏辛词派。

## 四、苏洵和苏辙的散文 ★★

苏轼与其父亲苏洵、弟弟苏辙都以文章闻名，在宋代合称“三苏”。

(1)苏洵受战国策士纵横捭阖之风影响，文风纵放豪健，著有《嘉祐集》，代表作有《权书》《六国论》。

(2)苏辙立论翔实稳当，著有《栾城集》，代表作有《上枢密韩太尉书》《武昌九曲亭记》。

**【真题回顾】**下列宋代词句中，最能展现诗人非凡政治抱负的是(　　)。

A. 六朝旧事随流水，但寒烟衰草凝绿

B. 会挽雕弓如满月，西北望，射天狼

C. 黄菊枝头生晓寒，人生莫放酒杯干

D. 红酥手，黄縢酒，满城春色宫墙柳

**【答案】**B

**【真题回顾】**有些诗句虽不出现“柳”字，但在咏柳的诗中仍有柳的意境和情感，下列选项不具备这一条件的是(　　)。

A. 凛然相对敢相欺　　　　B. 春尽繁花留不得

C. 为近都门多送别　　　　D. 碧玉妆成一树高

**【答案】**A

**【解析】**A项出自苏轼的《王复秀才所居双桧二首·其一》，写的是王复在候潮门外的家，庭院中有两棵高大的百年古桧。诗意为，两棵桧树相对挺立，树干笔直地耸入云天。B项出自刘禹锡的《杨柳枝词九首》。C项出自白居易的《青门柳》。D项出自贺知章的《咏柳》。

**【真题回顾】**苏轼的《卜算子》“缺月挂疏桐，漏断人初静。谁见幽人独往来，缥缈孤鸿影。惊起却回头，有恨无人省。拣尽寒枝不肯栖，寂寞沙洲冷。”其中描写的意境与下列哪位人物最相符？(　　)

A. 庄子　　　　B. 韩非子　　　　C. 王安石　　　　D. 欧阳修

**【答案】**A

**【解析】**这首词为苏轼被贬黄州后所作，诗人当时的处境不如意，但内心依旧豁达。在这首词中，作者借月夜孤鸿这一形象托物寓怀，表达了孤高自许、蔑视流俗的心境。庄子认为人活在世上须旷达泰然，诗人的心境和庄子的这种处世哲学很像。

## 第三节　黄庭坚和江西诗派

### 一、黄庭坚 ★★

黄庭坚著有《山谷集》，其诗歌与苏轼齐名，时称“苏黄”，又因受到苏轼赏识，与张耒、晁补之、秦观同被称为“苏门四学士。”

黄的具体主张有：(1)字字有来处；(2)学习古人语言要善于点铁成金、夺胎换骨。黄的主张和他独特的诗歌风格使宋代诗坛上出现了最大的诗派——江西诗派。

### 二、江西诗派 ★★

江西诗派的共同特点是崇尚瘦硬的风格，要求字字有来历，提倡夺胎换骨、点铁成金之法。该诗派以杜甫为初祖，以黄庭坚、陈师道、陈与义为三宗。

### 三、陈师道 ★

陈师道的诗歌风格质朴简古，代表作有《示三子》。

## 第四节　秦观、周邦彦与北宋词

### 一、从晏殊到柳永 ★★

(1)晏殊，著有《珠玉集》，一生显达，善于用细腻的感受和警炼的词句准确地概括普遍的人生感触，表达又较委婉含蓄，因而形成了雍容清新的独特风格，代表作为《浣溪沙》。

(2)晏几道，晏殊之子，词与晏殊齐名，号称“二晏”，虽出身宰相之家，但一生穷困，怀才不遇，著有《小山词》，代表作为《鹧鸪天》，这首词充满对昔日欢乐的追忆和往事的低回。

(3)张先，著有《安陆词》，善于炼字，尤其善用“影”字表现某种较难捕捉的美感,作品有《天仙子》。

(4)柳永,著有《乐章集》,其对词的贡献首先是创制大量长调;其次是创造了以白描见长、铺叙层次分明、细致而又直露的艺术表现手法,如《望海潮》。他将词的内容由上层社会拓展到下层生活,用通俗浅显的市井俚语入词,开启了写通俗白话词的风气。

## 二、秦观 ★

秦观,著有《淮海词》。秦观词的主要艺术特色是清丽婉约、情韵兼胜,但偏于柔媚纤细。他善于营造凄婉动人的意境,在艺术表现上很有创造性,被后世尊为婉约派的正宗。

## 三、贺铸 ★

贺铸,为人豪侠义气,一生渴望建立事功。其词内容丰富、风格多样,著有《东山词》,其中最有特色的是《青玉案》。

## 四、周邦彦 ★

周邦彦,著有《清真词》,内容主要是男女情爱,还有许多羁旅行役、写景咏物之作,形成了精致严整、工丽典雅的特色。

**【真题回顾】**词为诗余,曲为词余,诗词曲发展是一脉相承的,下列属于曲的一项的是(　　)。

A. 倚危亭,恨如芳草

B. 三年枕上吴中路

C. 巫山高,高以大;淮水深,难以逝

D. 南亩耕,东山卧,世态人情经历多,闲将往事思量过。贤的是他,愚的是我,争甚么?

**【答案】**D

**【解析】**A项出自秦观的词《八六子》;B项出自苏轼的词《青玉案·送伯固归吴中》;C项出自《巫山高》,为汉代乐府;D项出自《四块玉·闲适》,为关汉卿创作的组曲作品,由四首小令组成。

**【真题回顾】**“一曲新词酒一杯，去年天气旧亭台。夕阳西下几时回？无可奈何花落去，似曾相识燕归来。小园香径独徘徊。”的作者是(　　)。

A. 辛弃疾　　B. 苏轼　　C. 晏殊　　D. 欧阳修

**【答案】**C

**【解析】**晏殊，字同叔，江西抚州临川人。《浣溪沙·一曲新词酒一杯》为他的代表作，此词表达了伤春惜时之意，悼惜残春，感伤年华的飞逝，又暗寓怀人之意。

## 第二部分　课后习题详解

**1. 举例说明欧阳修、王安石、苏轼三家散文的风格特点。**

**答：**(1)欧阳修的散文数量很多，政论、史论以义理取胜，爱好平淡简洁的文风，写得雍容舒缓，抑扬顿挫，不露锋芒。史论中最著名的代表作如《五代史伶官传序》总结后唐灭亡的教训，全文共三层抑扬。先以感叹开头，由后唐庄宗死于伶人之乱的下场，追想他当初得天下时的意气：“呜呼！盛衰之理，虽曰天命，岂非人事哉！原庄宗之所以得天下，与其所以失之者，可以知之矣。”做一层抑扬。然后写庄宗消灭燕、梁时告成太庙的得意情景，与他后来困于乱兵，断发泣下的狼狈模样相对照，在叙事中做一层抑扬。最后用议论再做一层抑扬。他也有很多写景、抒情、记人的散文。名篇如《醉翁亭记》作于庆历新政失败后被贬为滁州刺史之时，作者将郁结在心里的政治苦闷，消融在与民同乐的场面中，写得十分快活热闹。

(2)王安石的散文大多是政论、史论和学术著作，从来不说空话。文风也如其人，立意新警，言简意赅，锋芒犀利。如《答司马谏议书》，将司马光的指责归纳为侵官、生事、争利、拒谏四条，但没有纠缠在具体的驳论中，而是站在更高的立足点上，从双方的根本分歧出发，逐条给予简短扼要的答复，不费口舌就驳倒了对方的洋洋千言。而且理足气盛、斩钉截铁，文风的简洁精悍可谓前无古人。王安石的其他文章也大都是短句短篇，逻辑的衔接十分紧凑，能以一两句话扫过别人一大段文章，如《读孟尝君传》。王安石擅长议论，即使是游记也以此见长。

(3)苏轼的散文大致可分为三类。第一类是奏议、进策、史论和科举文章。

其中写得最好的是历史人物论,《贾谊论》《留侯论》等都是他的名篇。这些文章博采史事,借古论今,滔滔雄辩,笔势纵横,尤其善于从旧史料中翻出新见解。如《贾谊论》没有像前人那样一味同情贾谊的怀才不遇,而是认为贾谊自己"志大而量小,才有余而识不足",这才导致他遇到汉文帝这样的明君都不能"自用其才"。《留侯论》从张良为桥上老人拾鞋的传说入手,联系张良一生事迹,指出他能成大事在于能忍一时之耻。这些见解都包含了苏轼自己在政治斗争中的体会和善处逆境的人生态度。第二类是记、传、碑、赋等写景抒情、论人记事的散文,风格随内容而异。第三类是书简、杂著和题跋等,这类杂文数量很多,或叙友情,或述襟怀,或谈文艺,或论学术,文笔轻松,篇幅短小,是散文中最自由活泼的体裁。

2. **说说王安石和苏轼七绝的写作特色。**

**答:**(1)王安石晚年退居后写了不少清丽精工的小诗,以意境新鲜、善于炼字著称,如《元日》:

爆竹声中一岁除,春风送暖入屠苏。千门万户曈曈日,总把新桃换旧符。

王安石这首七绝将古代元日放爆竹、喝屠苏酒,以及换门神这三种最重要的风俗组合成一个场景,在爆竹声和春风阳光中展现出千门万户换桃符的欢乐景象,写出了春节来临万户更新的热闹气象。

再如《书湖阴先生壁》:

茅檐长扫净无苔,花木成畦手自栽。一水护田将绿绕,两山排闼送青来。

这首诗写江南隐居的风光和情趣。后两句的"护田""排闼"都来自《汉书》,本来是两个形容人事的词语,诗人用来形容青山绿水的姿态,仿佛一条小河为保护田亩才环绕着绿野,而两座大山就像推门直入,送来了青翠的山色,这就使水的柔和与山的鲁莽相映成趣。

又如《泊船瓜洲》:

京口瓜洲一水间,钟山只隔数重山。春风又绿江南岸,明月何时照我还?

这首诗抒发旅途中怀念金陵的心情,从瓜洲与金陵近在咫尺的地理位置以及又逢春天的季节特点着眼,写出离家虽近却不得归去的惆怅。"绿"字以色彩词作动词用,是描绘春风春色的传神之笔。王安石的创造性在于这句诗里的"绿"字与全句意象的配合,使意境更为开阔,能更醒目地概括江南被春风染遍的绿意,因而成为传世名句。

(2)苏轼的七绝善于在日常生活和自然景色中即景寓意、因物寓理，悟出前人从未发现的新意妙理，如《题西林壁》：

横看成岭侧成峰，远近高低各不同。不识庐山真面目，只缘身在此山中。

诗人从庐山峰岭的变化多姿悟出人们观察事物的角度不同往往会得出不同印象，并根据这一道理进一步指出，要了解事物真相，应当身处局外，不为局部片面的现象所迷惑。此诗虽然以理趣取胜，却又概括了庐山云烟变幻、重峦叠嶂的壮丽奇观。有时他还会通过对景物动态的细微观察，在传神的描绘中写出事物内含的性理，如《惠崇春江晚景》：

竹外桃花三两枝，春江水暖鸭先知。蒌蒿满地芦芽短，正是河豚欲上时。

这首题画诗捕捉的都是早春特有的景物：桃花开得早，芦笋才冒芽，鸭子刚下水，河豚将上还未上。“春江水暖鸭先知”抓住鸭子对水温变暖最为敏感的特性，使自然界蕴藏的生机尽显纸上，既写活了画意，又富有哲理，最为人所激赏。

善用比喻也是苏诗的一大特点，如《六月二十七日望湖楼醉书·其一》：

黑云翻墨未遮山，白雨跳珠乱入船。卷地风来忽吹散，望湖楼下水如天。

这首诗写夏天西湖的阵雨，前两句以打翻的墨汁比喻满天乌云，以珍珠乱跳比喻打到船上的白色雨点，极为形象地写出了黑云聚集、急雨骤降的阵势。然而一阵风刮过，湖面就立刻与天空一起恢复了平静，写出了局部风雨来去的突然和迅速。

又如《饮湖上初晴后雨·其二》：

水光潋滟晴方好，山色空蒙雨亦奇。欲把西湖比西子，淡妆浓抹总相宜。

杭州以西湖美景和美人西施驰名于世，此诗就从二者的联系着眼，将西湖晴天的湖光和雨天的山色比作西子的浓抹和淡妆，呈现出西湖无论淡雅还是浓艳都各尽其美的全景，比喻巧妙贴切。

**3. 苏轼的词有什么创新？**

**答：**苏轼对词的创新主要体现为：将诗的境界引入词里，把词的题材从儿女私情、羁旅行役扩大到怀古咏史、悼亡送别、说理谈玄、感时伤事、山水田园等各种诗歌的题材，用以抒写自己的性情抱负、胸襟学问，从而使词和诗同样具有言志述怀的作用，这就大大提高了词的品格。

**4. 黄庭坚的诗风有什么独特之处?**

**答:**黄庭坚为了追求务去陈言,喜欢采用不常见的词语和奇僻的典故,在声调上采用拗律,即用反常的声律。用拗句,使句子声调反常;押险韵,用难押的韵脚,这就形成了他生拗古硬的风格。虽不免晦涩的弊病,但也确实能写出一些清新劲峭的好诗来,如《登快阁》。

**5. 柳永对词的主要贡献是什么?**

**答:**柳永对词的主要贡献首先是创制大量长调,计有100多首;其次是创造了以白描见长、铺叙层次分明、细致而又直露的艺术表现手法,如《望海潮》。

**6. 说说清真词咏物的特色和成就。**

**答:**(1)清真词最擅长咏物写景,描摹物象传神逼真,如《苏幕遮》。咏物时虽然寄托的感情不外乎离情别恨、羁愁相思,但往往含有某种普遍的人生感触,意蕴十分深厚,如《兰陵王·柳》。

(2)清真词在南北词风的转变中具有关键的作用,集苏、秦各家之长,自成一宗,同时又成为南宋姜夔、吴文英等讲究格律的词派的源头,因而在南宋备受推崇,周邦彦也被视为北宋词的最后一位大家。

# 第三部分　典型习题详解

## 一、选择题

1. 下列属于豪放派词人的是(　　)。

A. 温庭筠　　B. 苏轼　　C. 柳永　　D. 黄庭坚

2. 诗人苏洵、苏轼、苏辙、韩愈、柳宗元、欧阳修、王安石和(　　)被称为“唐宋八大家”。

A. 杜牧　　B. 李清照　　C. 曾巩　　D. 陆游

3. 王安石的《元日》诗:“爆竹声中一岁除,春风送暖入屠苏。千门万户曈曈日,总把新桃换旧符。”诗中所写的习俗发生在(　　)。

A. 元旦　　B. 端午节　　C. 春节　　D. 中秋节

4. 宋代诗文革新运动的领袖是(　　)。

A. 范仲淹　　B. 欧阳修　　C. 韩愈　　D. 苏轼

5.“一门三父子，都是大文豪，诗赋传千古，峨眉共比高”中的“三父子”指的是(　　)。

A.“三曹”(曹操、曹丕、曹植)　　B.“三班”(班彪、班固、班昭)

C.“三苏”(苏洵、苏轼、苏辙)　　D.“三袁”(袁宗道、袁宏道、袁中道)

6.《念奴娇·赤壁怀古》《江城子·密州出猎》《江城子·悼亡妻》等词的作者是(　　)。

A. 苏辙　　B. 苏轼　　C. 杜甫　　D. 辛弃疾

7.“横看成岭侧成峰，远近高低各不同。不识庐山真面目，只缘身在此山中。”出自(　　)的《题西林壁》。

A. 王安石　　B. 黄庭坚　　C. 苏轼　　D. 秦观

8. 下列作品全部属于苏轼的是(　　)。

A.《赤壁赋》《桂枝香·金陵怀古》　　B.《水调歌头》《泊船瓜洲》

C.《题西林壁》《伤仲永》　　D.《石钟山记》《后赤壁赋》

**【解析】**A 项《桂枝香·金陵怀古》、B 项《泊船瓜洲》、C 项《伤仲永》为王安石所作。

9. 苏轼的《水调歌头·明月几时有》是其在(　　)思念弟弟苏辙所作的。

A. 元宵节　　B. 中元节　　C. 重阳节　　D. 中秋节

**【解析】**《水调歌头·明月几时有》为宋代文学家苏轼在中秋节时所作。这首词以月起兴，与其弟苏辙七年未见之情为基础，围绕中秋明月展开想象和思考，把人世间的悲欢离合纳入对宇宙人生的哲理性追寻之中，反映了作者复杂而又矛盾的思想感情，表现出作者热爱生活与积极向上的乐观精神。

10.“但愿人长久，千里共婵娟”，其中“婵娟”指的是什么？(　　)

A. 明月　　B. 姻缘　　C. 寿命　　D. 太阳

11. 苏轼《念奴娇·赤壁怀古》中“羽扇纶巾，谈笑间，樯橹灰飞烟灭”说的是(　　)。

A. 刘备　　B. 周瑜　　C. 曹操　　D. 诸葛亮

12. 柳永词人称“凡有井水饮处，皆能歌柳词”，指(　　)。

A. 清词　　B. 俚俗词　　C. 豪放词　　D. 雅词

**【解析】**柳永词以接近市民文艺的俚俗色彩而著名，“凡有井水饮处，皆能歌柳词”指的就是俚俗词。他从创作方向上改变了词的审美内涵,即变“雅”为“俗”,着意运用通俗化的语言表现世俗化的市民生活情调。

13.“两情若是久长时,又岂在朝朝暮暮”出自(　　)的作品。

A. 秦观　　B. 黄庭坚　　C. 柳永　　D. 李商隐

14. 王国维曾在《清真先生遗事》中评:“以宋词比唐诗,则东坡似太白,欧、秦似摩诘……南宋唯一稼轩可比昌黎,而词中老杜,则非先生不可。”其中的“先生”指(　　)。

A. 黄庭坚　　B. 周邦彦　　C. 王安石　　D. 司马光

**【解析】**王国维的《清真先生遗事》记录北宋词人周邦彦事迹及著述。周邦彦,字美成,号清真居士,北宋著名词人,旧时词论称他为“词家之冠”或“词中老杜”,在宋代影响甚大,著有《清真词》。

15. 晏殊的词大多收录在(　　)。

A.《珠玉集》　　B.《漱玉词》　　C.《花间集》　　D.《乐章集》

**【解析】**晏殊以词著于文坛,尤擅小令,风格含蓄婉丽,与欧阳修并称“晏欧”。其大部分词被收录在《珠玉集》中。

16. 刘克庄在《后村诗话》中称(　　)为宋诗的“开山祖师”。

A. 晏殊　　B. 梅尧臣　　C. 欧阳修　　D. 范仲淹

**【解析】**梅尧臣,字圣俞,北宋著名诗人,世称宛陵先生。他强调《诗经》《离骚》的传统,摒弃浮艳空洞的诗风,主张“状难写之景如在目前,含不尽之意见于言外”,提倡“平淡”的艺术境界,他的作品多反映社会现实和民生疾苦。梅尧臣对宋代诗风的转变影响很大,刘克庄在《后村诗话》中称他为宋诗的“开山祖师”。

17. 古人登高望远,触目会心,多成佳作。以下诗人登台所感为欢悦之情的是(　　)。

A. 向晚意不适,驱车登古原。夕阳无限好,只是近黄昏

B. 十年驱驰海色寒,孤臣于此望宸銮。繁霜尽是心头血,洒向千峰秋叶丹

C. 郁孤台下清江水,中间多少行人泪。西北望长安,可怜无数山

D. 春未老,风细柳斜斜。试上超然台上看,半壕春水一城花

**【解析】**D 句出自苏轼《望江南·超然台作》:“春未老,风细柳斜斜。试上超然台上看,半壕春水一城花。烟雨暗千家。寒食后,酒醒却咨嗟。休对故人思

故国,且将新火试新茶。诗酒趁年华。”考生不可能对每句词都熟悉,但我们可以通过抓住关键词,推测词句意义。如从A句“近黄昏”,B句“寒”“繁霜”,C句“泪”“可怜”,可推测其并不表示欢悦之情。

**【答案】**

1.B　2.C　3.C　4.B　5.C　6.B　7.C　8.D　9.D　10.A　11.B　12.B　13.A　14.B　15.A　16.B　17.D

## 二、填空题

1.宋词按风格一般分为________和婉约派。

2.北宋词坛上的“大小晏”指________和晏几道。

3.《王临川集》的作者是________。

4.豪放派的创始人是________。

5.《念奴娇·赤壁怀古》是北宋著名文学家________的作品。

6.“哀吾生之须臾,羡长江之无穷”出自宋代词人苏轼的________。

7.诗句“日啖荔枝三百颗,不辞长作岭南人”的作者是________。

8.“不识庐山真面目,只缘身在此山中”的诗句出自苏轼的________。

9.“但愿人长久,千里共婵娟”出自________(作品名)。

10.________(朝代)________所填的《雨霖铃》词抒写了跟情人难舍难分的感情。

11.“________,又岂在朝朝暮暮。”出自秦观的《鹊桥仙·纤云弄巧》。

12.“________,为伊消得人憔悴”的作者是________,属于________词派。

13.“曲子”是在民间歌曲基础上发展起来的一种艺术歌曲,两宋时,这种音乐形式出现空前繁荣的景象。这一阶段,有一句话说“凡有井水处,皆能歌柳词”,这里的“柳”即指以创作慢词而著称的________。

14.“念去去,千里烟波,暮霭沉沉楚天阔。”出自柳永的________。

15.古人的作品命名方法有多种,有的用籍贯所在地命名,如________的作品称《柳河东集》,________的作品称《临川先生文集》;有的以书斋名命名,如________的作品称《饮冰室合集》,________的作品称《范文正公集》。

16.“先天下之忧而忧,后天下之乐而乐”该句出自北宋文学家________的名篇________。

**【答案】**

1.豪放派 2.晏殊 3.王安石 4.苏轼 5.苏轼 6.《前赤壁赋》 7.苏轼 8.《题西林壁》 9.《水调歌头·明月几时有》 10.北宋 柳永 11.两情若是久长时 12.衣带渐宽终不悔 柳永 婉约 13.柳永 14.《雨霖铃·寒蝉凄切》 15.柳宗元 王安石 梁启超 范仲淹 16.范仲淹 《岳阳楼记》

## 三、名词解释

**范仲淹**

**答:**范仲淹是北宋时期著名的政治家、文学家,他为政清廉,政绩卓著,倡导“先天下之忧而忧,后天下之乐而乐”的思想和仁人志士节操,为儒家思想中的进取精神树立了一个新的标杆,代表作品有《渔家傲·苏幕遮》《岳阳楼记》等。

## 四、简答题

**1.苏轼《江城子》(十年生死两茫茫)一词中,描写与妻子梦中相见情景的句子是什么?通过梦境的描写,表现了词人怎样的情感?以梦写情收到了怎样的艺术效果?**

**答:**夜来幽梦忽还乡,小轩窗,正梳妆。相顾无言,唯有泪千行。

作者以一个常见而难忘的梦中场景表达了妻子在自己心目中永恒的印象。夫妻相见,没有语言,没有动作,没有声响,只有“泪千行”。这个“无言”,把死别的痛苦、相思的深情、人生的凄凉推到了高潮。一个梦,把过去拉了回来,但当年的美好情景已经不存在。这是把现实的感受融入了梦中,使这个梦也令人感到无限凄凉。

这首词以“梦前—梦中—梦后”为时间线索,将“现实—梦境—现实”交织起来,题虽为记梦,但实际是通过记梦来抒写对亡妻真挚的爱情和深沉的思念。上阕写实,以现今的身世沉浮来表达对亡妻的思念。下阕写虚,以亡妻入梦之欢与现实冷清之苦作对比,造成强烈的反差,表达了作者对现实的无奈和对亡妻深入骨髓的想念。就全词来讲,句句沉痛,只有梦境,悲中寓喜,出现了妻子年轻美貌、对镜梳妆的鲜明形象,所以梦醒后作者设想此时亡妻一个人在凄冷幽独的“明月”之夜的心境,以寓自己的悼念之情,这番痴情苦心实可感天动地。

**2. 简述宋代豪放派词的代表人物和艺术特色。**

**答：**豪放派是一个流派，与婉约派并称为宋词两大词派。代表人物有苏轼、辛弃疾等，代表作有苏轼的《念奴娇·赤壁怀古》、辛弃疾的《破阵子·为陈同甫赋壮词以寄之》等。

豪放派词的艺术特色：（1）从题材内容上看，豪放派词作题材广阔，尤其喜欢摄取军情国事那样的重大题材入词，使词能像诗文一样反映生活。

（2）从艺术表达方式上看，豪放词直抒胸臆，崇尚直率，而不以委婉含蓄为能事。

（3）从意境上看，豪放词给人的感觉是大气磅礴，气象恢宏。豪放派词人创作视野较为开阔，喜用诗文的手法、句法和字法写词，语词宏博，不拘守音律，内容比较充实。南渡以后，由于时代巨变，多慷慨悲壮的高亢之调。

# 第十七章　南宋诗词

## 第一部分　考点归纳

### 第一节　李清照和南渡前后诗词

1126 年靖康之变,北宋沦亡。南宋文人为正视现实和志在恢复的精神所激励,慷慨悲壮的爱国高唱成为这一时期主流。

#### 一、李清照 ★★★

李清照,号易安居士,著有《漱玉词》。她的创作生涯横跨承平的北宋末年和动荡的南宋初年,大体可分前后两个时期。

(1)前期主要抒发安定环境里的闲愁,但艺术构思别出心裁,从不同角度表现出女性特有的深婉细腻的感情,著名的作品有《如梦令》《醉花阴》等。

(2)后期转为表现颠沛流离的不幸遭遇,风格也自然转为缠绵凄苦、深沉感伤,较有代表性的名篇是《声声慢》。

李清照词在艺术上的主要特点是善于从口语中提炼明白省净、富有表现力的语言,“以寻常语度入音律”,表现清新精巧的构思,创造不平常的意境;典故含而不露,既能用古人之意翻新出奇,又不依傍古人,从而使词的时代性和她个人的艺术独创性达到完美的统一。

#### 二、陈与义 ★

陈与义著有《简斋集》,其诗风浑厚明净,写出了不少伤时感乱的爱国诗篇,代表作有《伤春》等。

### 三、张元干和张孝祥 ★

张元干著有《芦川词》，两首《贺新郎》是压卷之作。
张孝祥著有《于湖词》，代表作为《六州歌头》。

### 四、岳飞 ★★

南渡时期的抗金英雄岳飞的作品《满江红》，是当时爱国词中的最强音。

## 第二节　陆游和南宋诗

### 一、陆游 ★★★

陆游，南宋伟大的爱国诗人，著有《剑南诗稿》和《渭南文集》，作品有《示儿》《金错刀行》《关山月》《秋夜将晓出篱门迎凉有感二首》等。

陆游诗歌的风格可根据其内容分成两大类：(1)忧国忧民的诗篇，大都悲愤激昂、雄健豪宕，如七律《书愤五首 · 其一》；(2)表现乡村风光和日常生活的诗篇，风格闲适细腻、清新自然、言简意深，善于熨帖地描绘生活中各种情味和意趣，如《游山西村》《临安春雨初霁》等。

总之，陆游将个人生命与民族前途融为一体，他的诗词具有丰富充实的现实内容、鲜明的时代特色，并且吸取了前代伟大作家李白、杜甫、苏轼的许多优点，又有新的创造，能兼取雄浑与清新，自成一家。

### 二、杨万里和范成大 ★★

杨万里著有《诚斋集》。其"诚斋体"的主要特征是：善于捕捉日常生活的情趣，风格新鲜活泼、诙谐幽默、想象新颖，并大量采用口语俚语谣谚入诗，形成了浅近通俗的语言特色，作品有《小池》《晓出净慈寺送林子方》《初入淮河四绝句》等。

范成大著有《石湖居士诗集》，其诗歌抒发驱逐敌寇、收复中原的爱国热情，其中最具代表性的是出使金国时所作的 72 首绝句。他还有不少同情农民疾苦的诗篇,如《催租行》《后催租行》。晚年所作的《四时田园杂兴》60首是他最有影响的组诗。范成大的田园诗既有对农村清新风光的描绘,又有对农民辛劳生活的描写,同时还有对租税剥削的批评。

### 三、永嘉四灵和江湖诗派 ★

永嘉四灵,指浙江永嘉的四位诗人,分别是徐照(灵晖)、徐玑(灵渊)、翁卷(灵舒)和赵师秀(灵秀)。这派诗人擅长律诗,诗歌内容大多是描写寄情田园山林的闲逸、追求野逸清瘦的趣味,如翁卷的《乡村四月》、赵师秀的《约客》等。

江湖诗派,缘起《江湖集》。诗派中"狷者",只求艺术上专精以博取名声;"狂者",较关心政治,好高谈阔论。诗派中影响最大的是刘克庄,著有《后村居士集》,诗歌中较多讽刺时事、反映民生疾苦之作,以《苦寒行》《军中乐》等乐府诗最为突出,《戊辰书事》是其名作。

永嘉四灵和江湖诗派是因反对江西诗派而出现的。

### 四、南宋其他诗歌 ★

南宋其他诗歌有林升的《题临安邸》、叶绍翁的《游园不值》、朱熹的《春日》《观书有感二首》。

## 第三节　辛弃疾和南宋词

### 一、辛弃疾 ★★★

辛弃疾以气节自负,以功业自许,有将相之才,著有《稼轩词》。

(1)辛词最重要的作品大都是抒发渴望恢复祖国河山的壮志豪情以及英雄失路的忧愤不平,如著名的《菩萨蛮·书江西造口壁》《破阵子·为陈同甫赋壮词以寄之》。

(2)辛词的风格以豪放为主而又变化多端,富于浪漫色彩和作者的独特个性,如其怀古名作《永遇乐·京口北固亭怀古》。

(3)辛弃疾善于运用象征、比兴等修辞手法,借婉约词寄托深刻的寓意,如

《青玉案·元夕》。

(4) 辛弃疾还有很多作品抒写对田园生活的热爱和流连诗酒、啸傲溪山的情怀，如《西江月·夜行黄沙道中》。

总体来说，辛弃疾以广泛的成就开拓了歌词的领域，蕴含在他作品中的振聋发聩的战斗力量，对后世处于深重民族危机中的文人起着启发和鼓舞的作用。

**【真题回顾】**辛弃疾《贺新郎》中有言“我见青山多妩媚，料青山见我应如是。情与貌，略相似”。这体现了诗人与自然互动交流的亲密关系。下列诗句中与其意思最相近的是(　　)。

A. 平沙万里余，飞鸟宿何处?　　B. 相看两不厌，只有敬亭山

C. 孤鸟去不还，缄情向天末　　D. 窗下独无眠，秋虫见灯入

**【答案】** B

## 二、辛派词人 ★

辛派是南宋中叶前后声势最大的爱国词派，特点是以家国之念、恢复之志入词，喜用长调记交游、发感慨，使词更加散文化、议论化。

(1)陈亮著有《龙川词》，其词慷慨激昂，直抒胸臆，较有代表性的是《念奴娇·登多景楼》。

(2)刘克庄的词有《后村长短句》，内容以关怀国运和揭露时弊为主，如《贺新郎》。

## 三、姜夔与南宋雅词 ★

南宋雅词的重要作家有姜夔、史达祖、吴文英等，内容以离情、咏物、写景为主，艺术上承周邦彦之余绪，偏重形式的精巧华美，字句务求雅正工丽，音律务求和谐精密。

姜夔著有《白石道人歌曲》。《扬州慢》《暗香》等 17 首自度曲都旁注音谱，宋词的音调和唱法因此得以传世，这是他最独特的贡献。姜词中有一部分抒写国家兴亡之悲，交织着个人身世寥落之感，如《扬州慢·淮左名都》。

吴文英善用前人诗句或翻新典故，著有《梦窗词》。

**【真题回顾】**文学作品常常表达人与自然互动式的亲和关系，下列句子中最能体现此关系的是(　　)。

A. 月落乌啼霜满天，江枫渔火对愁眠

B. 我见青山多妩媚，料青山见我应如是

C. 接天莲叶无穷碧，映日荷花别样红

D. 湖光秋月两相和，潭面无风镜未磨

【答案】B

## 第四节　文天祥和宋末诗词

### 一、文天祥 ★★★

文天祥最感人的诗歌大多收在《指南录》《指南后录》《吟啸集》里，这些诗记录了他兴兵救国的经过以及患难中的种种遭遇，表现出力图恢复的爱国精神和大义凛然的民族气节，如《过零丁洋》《正气歌》。

### 二、宋末遗民诗词 ★

宋末遗民诗词主要有汪元量的《生祭文丞相文》、谢翱的《登西台恸哭记》、谢枋得的《叠山集》和刘辰翁的《须溪词》100 卷。他们的诗词往往饱含亡国之痛、强烈的故国之思，在国破家亡的动乱年代体现出民族正气。

### 三、姜派词人 ★

姜派词人张炎著有《词源》二卷，词集名《山中白云词》。其主张协音合律，作词必须能歌，又讲求雅正含蓄，主要在句法、字面、用典上下功夫，并提出以“清空”为词的最高境界；在创作方面，他将咏物词发展到极精巧深微的境地，代表作为《南浦·春水》。

# 第二部分　课后习题详解

**1. 举例说明陆游诗歌中爱国精神的表现。**

**答：**陆游是南宋最伟大的爱国诗人，在民族危机深重的年代，他继承屈原、杜甫的爱国传统，在大量诗歌里表现了“铁马横戈”“气吞残虏”的英雄气概和

"一身报国有万死"的牺牲精神。这种爱国热情洋溢在他的全部作品里,冲破了生与死的界限,渗透在日常生活的各个方面,甚至是梦境之中。如在《金错刀行》中,他将自己比作"夜穿窗扉出光芒"的金错刀,塑造出"提刀独立顾八荒"的英雄形象,大声发出"岂有堂堂中国空无人"的激昂呼喊,振聋发聩,振奋人心。

**2. 辛弃疾词的豪放风格与他的英雄情怀和爱国热情有什么关系?**

**答:**辛弃疾词数量很多,内容广阔,题材多样,吊古伤时、谈禅说理、评论政治、歌咏山水,无所不写。但他最重要的作品大都是抒发热望恢复祖国河山的壮志豪情以及英雄失路的忧愤不平。如著名的《菩萨蛮・书江西造口壁》追怀南宋建炎年间金兵追击隆裕太后直到江西造口的往事,想到中原至今尚未恢复的现实,借景抒情。

在主和派的压制下,辛弃疾渡江南来的理想逐渐破灭,因此更多的词抒发了壮志难酬的苦闷。驰骋沙场的愿望只能在对从前战斗生活的回想中实现,如《破阵子・为陈同甫赋壮词以寄之》。作者以飞快的节奏将当年宿营练兵、跃马横戈的战斗生活写得龙腾虎跃,气势如霹雳闪电,然而这一切都只是醉梦中的回忆。一句"可怜白发生"说明他完成大业、名垂青史的幻想最终被年华老大、不受知遇的现实无情地粉碎。

辛词的风格以豪放为主而又变化多端,富于浪漫色彩和作者的独特个性。历来称豪放词者,往往以苏、辛并提。如果说苏词的豪放表现为壮阔的意境、雄浑的气势和超旷的情怀,那么辛词则体现为奔放激越的感情、喑呜沉雄的气势和狂放傲兀的风神。

**3. 试析文天祥的《过零丁洋》。**

**答:**文天祥的诗记录了他兴兵救国的经过以及患难中的种种遭遇,表现出力图恢复的爱国精神和大义凛然的民族气节。《过零丁洋》是他用鲜血和生命写下的一首光耀千古的杰作:

辛苦遭逢起一经,干戈寥落四周星。
山河破碎风飘絮,身世浮沉雨打萍。
惶恐滩头说惶恐,零丁洋里叹零丁。
人生自古谁无死?留取丹心照汗青。

1278年年底,文天祥在海丰北抗击元军,兵败被俘。第二年正月元水军大举进攻南宋最后一个皇帝赵昺所在的厓山，文天祥被押在船上。当船只经过珠江口外的零丁洋时，诗人想到当年在赣州起兵时经过的惶恐滩，不禁感慨万千，吟成了这首诗。首联写诗人经科举踏上仕途到带兵抗元的半生遭际。颔联以风中飞絮比喻风雨飘摇的江山，以雨打浮萍比喻自己身世的浮沉不定，这两句的含义相互穿插，正显示出个人命运与祖国山河的密切关联。颈联巧用地名抒发身处绝境的沉痛心情，并概括了自己从起兵到失败的经历。1277 年，诗人因兵败从惶恐滩撤退到福建。眼前身处零丁洋，又将目睹南宋的灭亡，连说两个“惶恐”和两个“零丁”，也叹不尽诗人满腔的悲愤和壮志未酬的遗恨。尾联针对元军的诱降和威胁，以一腔热血凝结成“人生自古谁无死？留取丹心照汗青”的豪言壮语。诗人向中华民族的史册捧出他那颗光芒万丈的丹心，不仅表明以死殉国的决心，也总结了中华民族由无数烈士用生命写成的历史。这种信念和气节使全诗的思想境界达到前无古人的高度，并永远激励着为爱国理想和正义事业奋斗献身的无数后人。

**4. 姜夔的词有什么特点？**

**答：**姜夔的词追求韵度高绝、古雅峭拔的境界。咏物是他最见功力的题材，特点是善于化用大量典故，不着实于所咏对象的形貌特征，而能得所咏之物的神韵，既讲究不即不离、不拘泥于物，又要使所咏之物象了然在目，这种做法“虽格韵高绝，然如雾里看花，终隔一层”(王国维)。

# 第三部分　典型习题详解

## 一、选择题

1. 宋代词人(　　)号“易安居士”，前期多写闺情相思，后期的词融入家国之恨，是“婉约派”代表人物。

A. 秦观　　B. 李煜　　C. 温庭筠　　D. 李清照

2. 李清照《如梦令》里的“绿肥红瘦”是描写什么季节的景象？(　　)

A. 晚春　　B. 盛夏　　C. 初秋　　D. 寒冬

3. 中国第一位影响最大的女词人是(　　)。

A. 柳如是　　B. 唐婉　　C. 李清照　　D. 蔡文姬

**【解析】**李清照，号易安居士，宋代女词人，婉约词派代表，是我国第一位影响最大的女词人。A项柳如是，明末清初女诗人；B项唐婉，陆游第一任妻子，曾应和陆游作词《钗头凤》；D项蔡琰，字文姬，我国第一位著名女诗人，现在能看到的作品只有《悲愤诗》二首和《胡笳十八拍》。

4.“大明湖畔，趵突泉边，故居在垂杨深处；漱玉集中，金石录里，文采有后主遗风。”这副对联吟咏的是(　　)。

A. 辛弃疾　　B. 朱淑真　　C. 李清照　　D. 赵佶

5.“生当作人杰，死亦为鬼雄，至今思项羽，不肯过江东”是哪位诗人的作品？(　　)

A. 李白　　B. 杜甫　　C. 李商隐　　D. 李清照

6.“念桥边红药，年年知为谁生”中，“红药”是指(　　)。

A. 芍药　　B. 牡丹　　C. 美女　　D. 红梅

7.(　　)的诗风生动活泼、幽默风趣、浅白自然，被称为“诚斋体”。

A. 杨万里　　B. 王维　　C. 白居易　　D. 杜牧

8. 号“放翁”的宋代文学家是(　　)。

A. 陆游　　B. 辛弃疾　　C. 李清照　　D. 苏洵

9.“红酥手，黄縢酒，满城春色宫墙柳”出自宋代著名词人陆游的词作(　　)。

A.《钗头凤》　　B.《诉衷情》　　C.《卜算子》　　D.《相见欢》

10.“人生自古谁无死，留取丹心照汗青”出自哪一位爱国诗人的笔下？(　　)

A. 张世杰　　B. 文天祥　　C. 辛弃疾　　D. 陆秀夫

11. 宋代以朱熹为代表的新儒学吸收的思想是(　　)。

A. 佛教和道教思想　　B. 法家思想和“经世致用”学说

C. 佛教、道教和法家思想　　D. 佛教思想和“经世致用”学说

12. 岳飞的《满江红》“笑谈渴饮匈奴血”中的“匈奴”是指(　　)。

A. 女真统治者　　B. 西夏统治者　　C. 蒙古统治者　　D. 鞑靼统治者

13. 下列不属于婉约词人的是(　　)。

A. 柳永　　B. 张孝祥　　C. 秦观　　D. 李清照

**【答案】**

1. D　2. A　3. C　4. C　5. D　6. A　7. A　8. A　9. A　10. B　11. A　12. A　13. B

## 二、填空题

1.“三十功名尘与土,八千里路云和月”出自岳飞的________。

2.南宋中期出现了“中兴四大家”,分别是尤袤、________、________和________。

3.杨万里提倡“师法自然”,创造了________。

4.________,早有蜻蜓立上头。(《小池》)

5.易安居士是指宋代女词人________,为婉约风格词的代表人物,作品有《声声慢・寻寻觅觅》等。

6.提倡词“别是一家”之说的是________。

7.“二安”是指宋代词人________和________。

8.在南北宋之交,以婉约词著称的女词人是________,而被誉为集豪放词之大成的南宋伟大爱国词人则是________。

9.李清照的词以“靖康之难”分为前后两期,前期多写闺中闲愁,如“________,才下眉头,却上心头”,后期则将国破家亡和个人身世一并融入词中,如“________,欲语泪先流”。

10.________是南宋最杰出的爱国诗人,著有《剑南诗稿》等,他一生创作了九千三百多首诗,在历史上当属罕见。

11.陆游是一位著名的爱国诗人,他的《十一月四日风雨大作》中的名句是“夜阑卧听风吹雨,________。”

12.陆游《书愤》中“出师一表真名世,千载谁堪伯仲间”通过对________(历史人物)的颂歌,表现自己的悲壮难愁。“伯仲”在古代本指兄弟间的排名,此处指的是________。

13.宋代豪放派的代表人物有________、________。

14.继苏轼之后,进一步开拓了词的境界,独创“稼轩体”确立了豪放派的词人是________。

15.辛弃疾,字幼安,号________,其词《西江月・明月别枝惊鹊》以“________,两三点雨山前”等优美词句,描写了农村月夜的优美幽静。

16.“青山遮不住,________”是宋代大词人辛弃疾《菩萨蛮》中的名句。

17.诗句“醉里挑灯看剑,梦回吹角连营”的作者是________。

18.“人生自古谁无死，留取丹心照汗青”出自南宋________的________(作品名)。

**【答案】**

1.《满江红》 2.范成大　陆游　杨万里　3.诚斋体　4.小荷才露尖尖角　5.李清照　6.李清照　7.李清照　辛弃疾　8.李清照　辛弃疾　9.此情无计可消除　物是人非事事休　10.陆游　11.铁马冰河入梦来　12.诸葛亮　可以相提并论　13.苏轼　辛弃疾　14.辛弃疾　15.稼轩　七八个星天外　16.毕竟东流去　17.辛弃疾　18.文天祥　《过零丁洋》

## 三、名词解释

**1.陆游**

**答：**陆游，字务观，号放翁，南宋时期伟大的爱国主义诗人。他一生存诗有九千三百余首，是现存诗量最多的诗人。陆游的诗歌追求宏肆奔放的风格，充满战斗气息和爱国主义精神，主要代表作品有《关山月》《书愤》《示儿》等。

**2.文天祥**

**答：**文天祥是南宋末政治家、文学家、爱国诗人，其前期的诗歌清新、明快、豪放，感情丰富，饱含战斗精神；后期诗歌悲壮、沉痛，多写人生旅途艰难的感叹。主要代表作是《过零丁洋》，其中的名句“人生自古谁无死，留取丹心照汗青”是千古传诵的名句。

## 四、简答题

**1.李清照《醉花阴·薄雾浓云愁永昼》中“莫道不销魂，帘卷西风，人比黄花瘦”历来为人所称赏，试分析其艺术特点。**

**答：**东篱把酒本来是高士陶渊明的典型形象，这里却被赋予一个女子，便逼出“莫道不销魂，帘卷西风，人比黄花瘦”这一名句来。作者选取素淡的菊花与人比较，既包含前人以花衰比人老的意思，又切合重阳节的时令风景，这就以新颖的构思突出了一个与菊花同样高洁，而不得不在孤独寂寞中渐渐憔悴的女子形象。

**2.辛弃疾《水龙吟·登建康赏心亭》中“休说鲈鱼堪脍，尽西风，季鹰归未?”引用了哪一位历史人物的典故? 通过这个典故表现了辛弃疾怎样的情感?**

**答：**这句诗引用了西晋张翰的典故。西晋张翰字季鹰，在洛阳为官，见秋风起，于是思念起(家乡)吴中的菰菜羹、鲈鱼脍，就弃官南归。“休说鲈鱼堪脍，尽西风，季鹰归未?”意思是说，不要说家乡的鲈鱼好吃美味，秋风呼呼刮满天，不知张季鹰回来了没?

引用这样一个典故，写出了词人有家难归的乡思，表达了词人对金、对南宋朝廷的激愤，对统一祖国的抱负和愿望无法实现的壮志难酬的感慨，以及对时光易逝、光阴虚度的感叹，这句话极大地表现了词人诚挚无私的家国情怀。

# 第十八章　宋元话本

## 第一部分　考点归纳

### 第一节　话本的种类和形式

#### 一、话本兴起的背景 ★

话本是宋代城市经济发展的产物，尤其是商业的发达、大都市的繁荣，催生了以手工业工人和商人小业主为主的市民阶层。宋元话本从唐代说话和其他说唱艺术发展而来。

#### 二、话本的种类和形式特点 ★★

1. 话本的种类

话本主要有小说和讲史两家。

(1)小说专指短篇的话本，题材比较广泛，有灵怪、脂粉、传奇、公案、朴刀、杆棒、妖术、神仙等八类，而且多用白话。

(2)讲史大多是长篇，专讲历史上兴废成败、争战权谋的故事，多数用浅近的文言和不十分成熟的白话夹杂写作。

2. 话本的形式特点

(1)正文之前，有引子开场。引子与正文在意义上有联系，叫“入话”，用故事作引子叫“得胜头回”。

(2)说话人为了渲染故事场景或人物风貌，往往在话本中穿插骈文或诗词，结尾又常用诗词总结全篇,劝诫听众。

(3)说话人为吸引听众下次再来,往往选择在故事的紧要关头突然中断。

## 第二节　话本小说

### 一、话本小说的内容 ★★

话本小说广泛地反映了手工业者、商人和下层女性的生活,并以爱憎分明的态度赞扬市井细民对封建势力的反抗,表现普通女性对自由生活的勇敢追求,如《快嘴李翠莲》《闹樊楼多情周胜仙》等。

话本小说中的公案故事大多能揭露封建官僚政治的黑暗和腐败,其中比较突出的是《错斩崔宁》。

### 二、话本小说的艺术 ★

话本小说处于白话小说发展的早期阶段,思想比较复杂,水平参差不齐,也存在一些糟粕,但能真实地反映宋元城镇生活的风貌人情,故事情节很少雷同,语言朴素通俗,有些人物性格也被刻画得较为鲜明生动。可以说,话本小说是从生活的矿藏里挖掘出来的一块未经雕琢的璞玉。

## 第三节　讲史话本

### 一、讲史话本的内容 ★

讲史话本,多半称为"平话",其种类和内容如表 18-1 所示。

表 18-1　讲史话本的种类和内容

| 种类 | 内容 |
| --- | --- |
| 《新编五代史平话》 | 概述梁、唐、晋、汉、周五代历史,每代三卷,都以诗开头,以诗结尾,中间用散文叙述史事,多为浅近文言,偶有白话 |
| 《全相平话五种》 | 包括武王伐纣平话、七国春秋平话、秦并六国平话、前汉书平话、三国志平话。内容大多以正史为依据,但其中颇多民间流传的故事,文字较简朴 |
| 《大宋宣和遗事》 | 分元、亨、利、贞四集,从历朝历代的昏君讲到宋徽宗,包括王安石变法、蔡京当权、梁山泊宋江起义、北宋灭亡、南宋定都南京 |

讲史话本可视为后世长篇历史小说的雏形。

### 二、说经话本 ★

说经话本，即《大唐三藏取经诗话》，又名《大唐三藏法师取经记》。全书分三卷，共十七章，叙述玄奘与猴行者西天取经的故事。

## 第二部分　课后习题详解

**说说话本的分类和形式特点。**

**答：**(1)话本的分类：话本主要有小说和讲史两家。

小说专指短篇的话本，题材比较广泛，有灵怪、脂粉、传奇、公案、朴刀、杆棒、妖术、神仙等八类，而且多用白话。

讲史大多是长篇，专讲历史上兴废成败、争战权谋的故事，多数用浅近的文言和不十分成熟的白话夹杂写作。

(2)话本的形式特点：

第一，正文之前，有引子开场；

第二，说话人为了渲染故事场景或人物风貌，往往在话本中穿插骈文或诗词，结尾又常用诗词总结全篇，劝诫听众；

第三，说话人为吸引听众下次再来，往往选择在故事的紧要关头突然中断。

## 第三部分　典型习题详解

### 一、选择题

1. 话本是宋代出现的一种新的文学形式，促使它兴起的直接社会原因是(　　)。

A. 理学的形成与发展

B. 商业和城市的繁荣

C. 各民族文化的发展

D. 阶级矛盾和民族矛盾的尖锐

2. 下列属于说经话本的是(　　)。

A.《新编五代史平话》　　B.《全相平话五种》

C.《大宋宣和遗事》　　D.《大唐三藏取经诗话》

**【答案】**

1. B　2. D

## 二、填空题

1. 宋元话本是宋元时期说话人演讲故事所用的底本,分为________、讲史两家。

2. 宋元小说话本通常由入话、________、结尾几个部分构成。

**【答案】**

1. 小说　2. 正话

## 三、简答题

**简述宋元话本的艺术特色。**

**答:**宋元话本的出现是小说史上的一大变迁,是中国小说史上第一次将白话作为小说语言进行的创作。宋元话本的艺术特色主要表现为:

(1)注重趣味性和虚构性。“说话”是“说话人”赖以养家糊口的职业,所以必须尽一切可能来吸引听众。而听众听“说话”是为了娱乐,“说话人”要讲得有趣味才能吸引他们。因此,趣味性就成了“说话”的第一原则。“说话”主要是叙述故事,而事实不一定有趣味,因此“讲史”说的内容有许多都是虚构的。所以,“说话”的趣味性是以虚构为基础的。

(2)思想感情与市井民众相通。由于要使听众——市井民众产生兴趣,“说话人”不但不能采取说教的态度,不能使话本中人物的言行、感情“高雅”得让市井民众无法理解和接受,而且必须使听众对话本里的人物产生深刻共鸣,感同身受地关注其命运,从而兴趣盎然地倾听演述。因此,话本中人物的言行、感情与市井民众的言行、感情是相通的。

(3)叙事描写趋于细腻。现在所见元代刊印或编订的话本,有的叙事粗疏,只能勉强达意甚或词不达意;有的则能显示出大致的轮廓,偶尔也注意到细部;有的描写相当细腻,但可能已经过明代人的加工。

# 第十九章　金元诗词

## 第一部分　考点归纳

### 第一节　元好问与《中州集》

金元时期，文人社会地位低下，正统诗词少有创新。

#### 一、元好问的诗词 ★

元好问著有《遗山集》。

元好问通过《论诗三十首》提倡建安以来的优良传统，主张以清新自然、刚健慷慨的风格表达悲壮的情怀和远大的抱负，并批评齐梁诗风、西昆体和江西诗派等偏重于形式的倾向。

元好问的词代表着金词的最高成就，著名的作品有《摸鱼儿・雁丘词》。

#### 二、《中州集》★

元好问所编的《中州集》是金代的一部诗词总集，这部诗词集大致可反映金代诗歌的全貌，为保存金代文献作出了重要贡献。

### 第二节　“元诗四大家”与“铁崖体”

元诗文相比散曲、杂剧而言，呈现出相对衰落的状态。

### 一、"元诗四大家"和萨都剌 ★

"元诗四大家"指虞集、杨载、范梈、揭傒斯四人,其作品分别是《道园学古录》《翰林杨仲弘诗集》《范德机诗集》《揭文安公诗集》。

萨都剌诗风清丽俊逸,也有雄健奔放之作,自成一家,著有《雁门集》,被誉为"有元一代词人之冠",作品有《上京即事》《满江红·金陵怀古》等。

### 二、王冕 ★

王冕,元朝著名画家、诗人、篆刻家,其诗揭露元蒙统治者的骄横跋扈,同情江南人民的困苦生活,也有不少抒写蔑视功名利禄的孤高襟怀,诗风质朴自然,一生爱好梅花,名作为《墨梅》。

### 三、杨维桢的"铁崖体" ★

杨维桢,号铁崖,在诗文、书画、戏曲方面都有较高成就,作品有《海乡竹枝词》。

"铁崖体"的主要特点是擅长古乐府诗,取法杜甫、李白和李贺,兼取刘禹锡《竹枝词》等多家特点,想象奇特,辞藻瑰丽,诗风奇崛排奡。

## 第二部分　课后习题详解

**1. 怎样理解元好问的《摸鱼儿·雁丘词》?**

**答:**元好问的词多是伤时感乱之作,风格慷慨沉郁,接近苏轼和辛弃疾,代表着金词的最高成就,较著名的作品有《摸鱼儿·雁丘词》:

问世间情为何物,直教生死相许?天南地北双飞客,老翅几回寒暑?欢乐趣,离别苦,就中更有痴儿女。君应有语:渺万里层云,千山暮雪,只影向谁去?

横汾路,寂寞当年箫鼓,荒烟依旧平楚。招魂楚些何嗟及,山鬼暗啼风雨。天也妒,未信与,莺儿燕子俱黄土。千秋万古,为留待骚人,狂歌痛饮,来访雁丘处。

这首词前有序,注明是在乙丑年(金章宗泰和五年,1205)作者赴并州时,道逢捕雁人说因杀死一雁，另一雁悲鸣不去，自投于地而死。作者便将雁买下，葬在汾水旁，垒石为雁丘，有感而作此词。上片起得苍茫，如仰天长叹，问世间之情究竟是什么，可以令人以生死相许，既是为殉情的雁而发，也是问人间一切痴情儿女，并将南来北往双飞的大雁与万里云山间落单的孤影加以对比，作为雁的答语，将生死离别写得分外震撼人心。下片为双雁招魂，渲染雁丘所在的汾水路上荒烟平林、风雨鬼啼的凄凉气氛，赞美了此情超越生死和时空的永恒意义。

**2. 王冕的《墨梅》有什么寄托?**

**答:**《墨梅》是王冕的名作。

吾家洗砚池头树，个个花开淡墨痕。

不要人夸好颜色，只留清气满乾坤。

墨梅即用水墨所画梅花，不着彩色。此诗前两句将画上的墨梅比作自己洗砚池边的树，因池水尽黑，所以花朵也都有淡淡的墨痕，构思新颖巧妙。后两句说此花天生不以艳丽的色彩示人，只求清香之气充满乾坤，既能传墨梅的神韵，又借以抒发了自己的怀抱，表达了自己不向世俗献媚的高尚情操，极富清新高雅之气。

# 第三部分　典型习题详解

## 一、选择题

1. 下列不属于元诗四大家的是(　　)。

A. 虞集　　B. 萨都剌　　C. 范梈　　D. 揭傒斯

**【解析】**另一人为杨载。

2. “铁崖体”的主要特点不包括(　　)。

A. 擅长古乐府诗

B. 取法杜甫、李白、李贺

C. 想象奇特，辞藻瑰丽，诗风奇崛排奡

D. 批评齐梁诗风、西昆体

**【解析】**元好问批评齐梁诗风、西昆体和江西诗派等偏重于形式的倾向。

**【答案】**

1. B　2. D

## 二、填空题

1.“问世间情为何物,直教生死相许?”出自________的《摸鱼儿·雁丘词》。

2. ________是元末具有写实倾向的作家,其在《墨梅》中写道:“不要人夸好颜色,只留清气满乾坤。”

3. 元代后期杰出的少数民族抒情诗人是________。

**【答案】**

1. 元好问　2. 王冕　3. 萨都剌

# 第二十章　元散曲

## 第一部分　考点归纳

### 第一节　散曲的产生和形式特征

#### 一、元曲的渊源 ★

元曲产生的文化背景与金元少数民族入主中原有关。

(1)元曲的音乐渊源主要是北曲,形成于金元时期,元杂剧的音乐即用北曲。

(2)散曲受到大曲、诸宫调、唱赚等曲式结构的影响。

#### 二、散曲的曲调特征 ★

(1)曲牌:与词的曲调不同,散曲的曲牌名称前面要加宫调的名称。如[黄钟·人月圆][越调·小桃红],黄钟、越调是宫调的名称,人月圆、小桃红是曲牌的名称。

(2)散曲的三种主要形式,如表 20-1 所示。

表 20-1　散曲的三种主要形式

| 形式 | 描述 |
| --- | --- |
| 小令 | 又称叶儿,单片只曲,结构稳定,基本没有增句减句现象,只有增字减字现象 |
| 套数 | 又称散套、大套等,指用同一宫调的两支以上的曲子相连而成的作品,基本特点是:多曲组合,一套里可有多个曲牌;从头到尾一韵到底;北曲一般有尾声(也有例外) |
| 带过曲 | 两支或三支乐律可以衔接的曲牌连成的作品 |

### 三、散曲的文体特点 ★

(1)可以衬字:衬字就是在曲谱正字以外自由增加的字。

(2)押韵:北曲没有入声字,同一个韵部里平仄不同也可以押;一韵到底,不换韵;词除了可以平仄互押,还可以转韵。

### 四、元散曲的发展分期 ★

元散曲的发展分前后两期,以元仁宗延祐年(1314—1320)为界,如表 20-2 所示。

**表 20-2　元散曲的发展分期**

| 分期 | 活动中心 | 作家 | 描述 |
| --- | --- | --- | --- |
| 前期 | 大都 | 关汉卿、白朴、马致远 | 散曲的题材和内容范围有所扩大,从早期多写男女恋情、歌咏四季风光,走向怀古、言志述怀;在艺术上,多有通俗平易的特色和质朴自然的意趣 |
| 后期 | 杭州 | 张可久、贯云石、徐再思、杨朝英 | 散曲创作也趋向于诗词化、规范化,并且出现了一批理论著作和散曲总集 |

## 第二节　元前期散曲

### 一、关汉卿 ★★★

关汉卿的散曲大都是写浪子的风流生活,也有一些有关离情别绪的描写,贯穿其中的主要是摆脱名利的牢骚、愤世嫉俗的壮语、与世无争的调侃、避世隐居的憧憬,其艺术风格主要是豪放泼辣、本色当行、雅俗并存。

[南吕・一枝花]《不伏老》套曲是其散曲代表作。

### 二、白朴 ★

白朴的散曲从题材内容来看,主要有叹世、写景和歌咏恋情三类。其叹世之作比较平直,少雕饰,写景之作较有文采,写男女恋情的偏于淡雅庄重。

[双调・沉醉东风]《渔父》很能体现他叹世的态度和写景的特色。

### 三、马致远 ★★

马致远是元散曲中成就最高的作家，历来都被视为“朝阳鸣凤”，在散曲史上具有领袖群伦的地位，其作品的主要特点是奔放、飘逸、老辣，但又清隽可喜，而且能根据不同的题材内容，表现出不同的风格。

最著名的小令是[越调・天净沙]《秋思》。

### 四、张养浩和睢景臣 ★

张养浩是典型的忧国忧民的知识分子，有兼济天下的胸怀和正直清白的操守。散曲集有《云庄休居自适小乐府》，其最负盛名的散曲是小令[中吕・山坡羊]《潼关怀古》。

睢景臣的[般涉调・哨遍]《高祖还乡》是元散曲中著名的作品。

## 第三节　元后期散曲

### 一、乔吉 ★

乔吉和张可久是元散曲清丽派的代表作家，乔吉所作散曲有《文湖州集词》《乔梦符小令》等。

乔吉一生失意潦倒，曲大多数是叹世述怀、写景记游等内容。[双调・水仙子]《寻梅》较有代表性。

### 二、张可久 ★

张可久著有《小山乐府》，是元人中创作散曲最多的作家，其散曲内容大都是表现归隐生活的悠闲和大自然的美景，主要特色是骚雅和蕴藉。风格以清丽为主，却也变化多端，最著名的是[中吕・卖花声]《怀古》。

# 第二部分　课后习题详解

**1. 元散曲有哪些重要作家？**

**答：**元散曲的前期，作家活动中心在大都。这时从事散曲创作的主要是一些兼作诗文的作家和关汉卿、白朴、马致远等兼写杂剧的作家,还有张养浩、睢景臣等。

元散曲的后期,作家活动中心逐渐南移杭州,不少人专攻散曲,如张可久、贯云石、徐再思、杨朝英等。

**2. 试以马致远的代表作为例,谈谈他的散曲成就。**

**答:**马致远是元散曲中成就最高的作家,历来都被视为"朝阳鸣凤",在散曲史上具有领袖群伦的地位。他最著名的小令是[越调·天净沙]《秋思》:

枯藤老树昏鸦,小桥流水人家,古道西风瘦马。夕阳西下,断肠人在天涯。

这首小令纯用名词性词组构成画面,抒发流落天涯的游子面对秋色和黄昏的凄凉孤寂之感。首句中的"枯"和"老"字渲染深秋枯萎的色调在游子心目中引起的萧瑟感以及被枯藤缠绕的老树生命的衰败感;"昏"字带出乌鸦归巢时的昏暗暮色,三个形容词感情色彩一致,为整首小令奠定了苍凉的基调。"小桥流水人家"三个意象组成的是游子渴盼的安宁温馨的家园。后三句在西风古道上,以夕阳为背景,衬托出游子骑着瘦马踽踽独行的剪影,令人联想到这一典型画面仿佛是对终生奔波的人生长途的概括,人的一生其实就是怀着永恒的乡愁寻找自己的精神家园。一首小令因其高度的艺术概括力而给人许多哲理的启示,在元曲中极为罕见,这就是它能超出同类作品而流传千古的原因。

# 第三部分　典型习题详解

## 一、选择题

1. 下列不属于元曲四大家的是(　　)。

A. 关汉卿　　B. 郑光祖　　C. 汤显祖　　D. 白朴

**【解析】**元曲四大家是郑光祖、马致远、白朴、关汉卿。

2. 元代文学的主流是元曲,元曲包括杂剧和(　　)。

A. 京剧　　B. 戏曲　　C. 小令　　D. 散曲

3. 张养浩的[中吕·山坡羊]《潼关怀古》文体属于(　　)。

A. 诗　　B. 词　　C. 曲　　D. 赋

**【解析】**张养浩，元代著名散曲家，其文多揭露社会黑暗，同情民生疾苦，其代表作[中吕·山坡羊]《潼关怀古》文体为散曲，属于小令，“中吕”是宫调的名称，“山坡羊”是曲牌名，“潼关怀古”是题目。

4.“衣带渐宽终不悔，为伊消得人憔悴”“弃我去者，昨日之日不可留，乱我心者，今日之日多烦忧”“夕阳西下，断肠人在天涯”的文体依次是(　　)。

A. 唐诗、宋词、元曲　　B. 宋词、元曲、唐诗

C. 唐诗、元曲、宋词　　D. 宋词、唐诗、元曲

**【答案】**

1. C　2. D　3. C　4. D

## 二、填空题

1. ________是元杂剧及散曲的总称，是元代文学的代表，与唐诗、宋词并称。

2. 马致远的[越调·天净沙]《秋思》属于________(文学体裁)。

3. 马致远的“夕阳西下，________”抒发了作者的羁旅之思。

**【答案】**

1. 元曲　2. 小令　3. 断肠人在天涯

## 三、名词解释

**元曲**

**答：**元曲是盛行于元代的一种文艺形式，包括杂剧和散曲，是元代文学的主体。杂剧是在北方戏曲的基础上发展起来的戏曲，是音乐、歌舞、道白、做功等结合起来表演故事的一种综合性舞台艺术，它标志着元代文学的最高成就。散曲则属诗歌，内容以抒情为主，是元金时期在北方兴起的一种合乐歌唱的诗歌新体式，主要形式有小令、套数和带过曲三种。

## 四、简答题

**试析下面两首关汉卿曲词的风格特点。**

[双调·新水令]大江东去浪千叠，引着这数十人驾着这小舟一

叶。又不比九重龙凤阙,可正是千丈虎狼穴,大丈夫心烈,我觑这单刀会似赛村社。

[驻马听]水涌山叠,年少周郎何处也?不觉的灰飞烟灭。可怜黄盖转伤嗟,破曹的樯橹一时绝,鏖兵的江水犹然热,好教我情惨切!

[云]这也不是江水,[唱]二十年流不尽的英雄血!

**答:**两首曲词的风格特点如下:

(1)沉雄壮丽。这两支曲子,豪雄盖世。关羽既视强敌如草芥,又回顾了历史征程的惨烈悲凉。这里有嗟叹,有悲悯;有实叙,有幻觉;有历史沧桑之感,有澄清宇内之情。全曲既慷慨,又低回,思绪万千而又大气包举,颇有沉雄壮丽的史诗风韵。

(2)悲慨凛然。关汉卿在写关羽和鲁肃面对面交锋之前,先酣畅地让他敞露心曲,让“千里独行,五关斩将”的伟丈夫惨切地感叹战争,表明关羽是大仁大勇、希望消弭战争的英豪。单刀会上,甲士拥出,关羽揪定鲁肃,拍案而起,那“怒则跃匣铮铮而有声”的宝剑戛然响了三次,把关羽的神威烘托得栩栩如生;特别是当鲁肃喋喋不休地指责关羽失信时,关羽一针见血地指出,荆州这块土地,本来就是汉家基业,不存在归还孙吴的问题。这一番言辞,大义凛然,直使鲁肃口张舌结。

# 第二十一章　元杂剧

## 第一部分　考点归纳

### 第一节　中国戏剧的形成和元杂剧的形式

#### 一、中国戏剧的起源 ★★

中国戏剧的形成期在唐宋两代，是由多种民间伎艺综合而成的一种艺术形式。唐宋时与戏剧关系最密切的歌舞伎艺主要有：参军戏、大曲、鼓子词、唱赚和诸宫调。

#### 二、戏剧在宋元时期的形成 ★★

(1)宋杂剧：中国戏剧的雏形，用来表演故事的短剧。

(2)宋元南戏：用南曲演唱的戏曲形式，一般被认为是中国戏曲中最早的成熟形式，在南方流行。

(3)金院本：主要在民间演出，内容形式比宋杂剧更丰富，成为北杂剧的前身。

北杂剧吸收北方各族歌舞、百戏、伎艺，成为元杂剧。元杂剧虽比南戏出现晚一百年，但取得了辉煌成就。

#### 三、元杂剧的形式特征 ★★

(1)结构形式：一般四折一本演一个完整的故事，个别有一本五六折或多本连演的情况。

(2)脚色行当:以"脚色"称演员是明中期以后的传统,元杂剧行当主要有三大类:

末:男角,分正末、付末、小末、外末等;

旦:女角,分正旦、付旦、贴旦、外旦、旦儿、搽旦等;

净:粗豪勇猛、滑稽可笑的男角,有净、付净等。

(3)表演手段:一个剧本往往只为一种脚色安排唱腔,由正末或正旦一唱到底。

### 四、元杂剧的盛衰和分期 ★

元杂剧以元武宗至大元年(1308)为界,分为前后两期,如表 21-1 所示。

表 21-1 元杂剧的分期

| 分期 | 作家 | 特点 |
| --- | --- | --- |
| 前期 | 关汉卿、王实甫、马致远、白朴、纪君祥 | 能广泛反映丰富的社会生活,富有现实意义,剧本文字质朴,多用北方口语,表情直率 |
| 后期 | 乔吉、郑光祖、宫天挺 | 题材多为历史故事剧和风情剧,讲究辞藻雕饰,总体上趋向衰落 |

## 第二节 关汉卿

### 一、关汉卿杂剧创作的基本特点 ★★

关汉卿了解下层民众的生活,对民间语言和民间艺术非常熟悉,而且有表演的经验。代表性杂剧有《窦娥冤》《拜月亭》《调风月》《救风尘》《望江亭》《西蜀梦》《单刀会》等。

创作的基本特点:(1)取材广泛,爱憎分明;(2)表现手段丰富多样,本色当行(语言质朴,符合戏剧演出的要求)。

### 二、《窦娥冤》★★

《窦娥冤》前两折在各种人物的矛盾中迅速推进剧情,交代清楚造成冤案的前因后果，到第三折重点表演窦娥就刑前的反抗，把全剧推向戏剧冲突的高潮。

《窦娥冤》的戏剧语言大量吸取北方口语和方言俗语以及古典诗词中有生命力的成分，朴实自然，生动泼辣，富有艺术感染力。

### 三、关汉卿的其他杂剧 ★

(1)《救风尘》和《望江亭》是关汉卿最著名的两部喜剧，刻画了两位敢于向恶势力挑战的女性形象。

(2)《西蜀梦》和《单刀会》取材于三国传说，是关汉卿历史剧的代表作，通过对英雄人物的追怀，表现了强烈的爱国热情和复仇意志。

## 第三节　马致远和白朴

### 一、马致远的《汉宫秋》 ★

马致远的杂剧有《汉宫秋》《岳阳楼》《陈抟高卧》《青衫泪》《荐福碑》《任风子》《黄粱梦》等。

《汉宫秋》是马致远的代表作，取材于汉元帝时昭君和番的故事。全剧结构紧凑，针线缜密。写情沁人心脾，写景如在眼前，文辞之美，脍炙人口。

### 二、白朴的《梧桐雨》 ★

白朴所作杂剧多为历史剧和风情剧，今存《梧桐雨》《墙头马上》《东墙记》三种。

《梧桐雨》取材于唐明皇和杨贵妃的故事，着重表现长生殿上李、杨密誓，以及马嵬之变后唐明皇入蜀和回京途中对贵妃的思念，显然是拓展了白居易《长恨歌》的主题。全剧笼罩的悲剧气氛渲染出一种对太平盛世的追忆和乱离之后的感伤情绪。

## 第四节　王实甫和其他元杂剧

王实甫的杂剧有《西厢记》《丽春堂》《破窑记》及残曲两种各一折。《西厢记》是王实甫最著名的杰作,在中国戏剧史上具有重要地位。

### 一、董解元的《西厢记诸宫调》★

《西厢记》的故事最早出于唐代元稹的传奇《莺莺传》。

金代董解元的《西厢记诸宫调》是北宋以来关于崔、张故事的一部最有创造性的作品,在主题思想、故事情节和人物描写方面都已摆脱《莺莺传》的框架,为后来王实甫的《西厢记》奠定了基础。其不足之处是人物性格不够鲜明,篇幅比较拖沓,说白不如曲辞活泼生动。

### 二、王实甫的《西厢记》★★

《西厢记》的主题在我国古代社会的爱情文学中具有典型意义,提出以“情”反“礼”,表达了“愿普天下有情的都成了眷属”的希望,是对封建礼教和婚姻制度的大胆挑战。

王实甫的《西厢记》最重要的艺术成就是塑造了性格各异、丰满鲜明的人物形象。它在戏剧结构的严谨、心理描绘的细腻、语言的优美和场景的诗化等方面达到的高度远远超出其他戏曲作品。

《西厢记》打破了元杂剧由一人主唱到底的形式,可由多人分唱,而且唱词风格因人而异,塑造了张生、莺莺、红娘等各具特点的人物,成为家喻户晓的名著。

### 三、元杂剧的其他名作 ★

元杂剧的其他名作有纪君祥的历史剧《赵氏孤儿》、康进之的《李逵负荆》、无名氏的《陈州粜米》、郑光祖的《倩女离魂》。

## 第二部分　课后习题详解

**1. 试述关汉卿《窦娥冤》的剧情和社会意义。**

**答:**关汉卿《窦娥冤》的剧情梗概是:穷书生窦天章将七岁的女儿卖给放高利贷的寡妇蔡婆作童养媳,改名窦娥。某日蔡婆到医生赛卢医家讨债,险些被勒死,幸被路过的张驴儿父子救起。但张家父子借此威胁蔡婆,占住在蔡婆家里，要强娶其婆媳二人。窦娥坚决不从，小张便在羊汤里下毒，企图毒死蔡婆，嫁祸窦娥，借此霸占窦娥及其家产。不料老张因嘴馋喝了羊汤被毒死。小张将窦娥送到官府，贪官桃杌太守将她判了死刑。窦娥临死时对天发下三桩誓愿以表明自己的冤屈：一是被斩时，鲜血飞到丈二白练上；二是三伏天降下三尺大雪掩盖尸体；三是死后楚州大旱三年。三桩誓愿果然一一实现。三年后其父窦天章做了廉访使，到楚州查明冤情，她才得以昭雪。

关汉卿《窦娥冤》的社会意义是：剧本全力塑造了窦娥这个敢于反抗恶势力的女性形象，她既有柔顺体贴、肯为他人牺牲的善良，又有不肯在毒刑冤狱下屈服、至死不改其志的刚强。作者通过她反映了底层民众申冤复仇的愿望和不可被征服的反抗精神，这是剧本的主要社会意义。

**2. 试分析《西厢记》中红娘的人物塑造。**

**答：**王实甫的《西厢记》最重要的艺术成就是塑造了性格各异、丰满鲜明的人物形象。

红娘是《西厢记》中最有光彩的人物，作者用大量笔墨将这个身份卑贱的侍婢放在与张生、莺莺、老夫人等各类人物的关系中，凸显出她的无私无畏、深明大义，通过各种矛盾冲突将她塑造成一个聪明可爱、坦率真诚、富有正义感的正面人物，“红娘”也因此剧成为乐于成人之美的热心人的代名词。

# 第三部分　典型习题详解

## 一、选择题

1. 下列作品不属于关汉卿作品的是(　　)。

A.《窦娥冤》　　B.《救风尘》　　C.《琵琶记》　　D.《单刀会》

2. 有“元人第一”美誉的是(　　)。

A. 关汉卿　　B. 马致远　　C. 郑光祖　　D. 纪君祥

**【解析】**元杂剧作家中，被王国维推为“元人第一”的戏剧家是关汉卿。

3. “我是一个蒸不烂、煮不熟、捶不扁、炒不爆、响当当一粒铜豌豆”是(　　)的自喻。

A. 龚自珍　　B. 鲁迅　　C. 文天祥　　D. 关汉卿

4.关汉卿的代表作是(　　)。

A.《汉宫秋》　B.《倩女离魂》　C.《墙头马上》　D.《窦娥冤》

**【解析】**关汉卿的代表作有《窦娥冤》《救风尘》《拜月亭》等。A项《汉宫秋》是马致远创作的杂剧;B项《倩女离魂》是郑光祖的代表作;C项《墙头马上》是白朴的代表作。

5.元曲四大家及其代表作是:关汉卿《窦娥冤》、郑光祖《倩女离魂》、白朴《梧桐雨》和(　　)。

A.王实甫《西厢记》　B.洪昇《长生殿》

C.孔尚任《桃花扇》　D.马致远《汉宫秋》

6.描写唐明皇与杨贵妃爱情故事的元杂剧作品是(　　)。

A.《长恨歌》　B.《梧桐雨》　C.《长恨歌传》　D.《长生殿》

**【解析】**白朴创作的元杂剧《梧桐雨》,是一部描写唐明皇、杨贵妃两人爱情故事的历史剧,以浓郁的抒情性、醇厚的诗味和华美的文辞著称。ABCD四项均叙述了唐明皇与杨贵妃的爱情故事,但形式各不相同。A项《长恨歌》是唐代诗人白居易的一首长篇叙事诗;C项《长恨歌传》是陈鸿创作的历史题材传奇小说;D项《长生殿》是清初剧作家洪昇创作的传奇(戏剧)。

7.塑造了大胆追求爱情的贵族少女李千金这一形象的是(　　)。

A.《墙头马上》　B.《救风尘》　C.《琵琶记》　D.《倩女离魂》

**【解析】**《墙头马上》由"元曲四大家"之一的白朴创作,讲述了李千金与裴少俊相爱而私自结合,后被裴父发现赶出家门,最终团圆的故事,塑造了敢于反抗封建礼教的李千金这一形象。

8.赵盼儿仗义拯救宋引章的故事选自(　　)的杂剧《救风尘》。

A.王实甫　B.白朴　C.关汉卿　D.郑光祖

9.唱词"碧云天,黄花地,西风紧,北雁南飞,晓来谁染霜林醉?总是离人泪"出自(　　)。

A.《西厢记》　B.《救风尘》　C.《牡丹亭》　D.《汉宫秋》

10."地也,你不分好歹何为地!天也,你错勘贤愚枉做天!"出自元代四大悲剧中的哪一部作品?(　　)

A.关汉卿《窦娥冤》　B.王实甫《西厢记》

C.纪君祥《赵氏孤儿》　D.马致远《汉宫秋》

11. 内心热烈外表冷静的崔莺莺是出自(　　)中的人物。

A.《牡丹亭》　B.《西厢记》　C.《长恨歌》　D.《桃花扇》

12. 下列不属于《西厢记》中的人物的是(　　)。

A. 张生　B. 崔莺莺　C. 柳梦梅　D. 红娘

13.《西厢记》的故事最早来源于唐代元稹的小说(　　),王实甫将其改造成一部爱情喜剧。

A.《牡丹亭》　B.《莺莺传》　C.《紫钗记》　D.《南柯记》

14. “君不见满山红叶,尽是离人眼中血”语出(　　)。

A.《窦娥冤》　B.《西厢记》　C.《牡丹亭》　D.《琵琶记》

15. 从戏剧类型上看,中国古代戏曲《赵氏孤儿》是(　　)。

A. 英雄悲剧　B. 家庭悲剧　C. 性格悲剧　D. 命运悲剧

16. 元杂剧作品《赵氏孤儿》的作者是(　　)。

A. 关汉卿　B. 康进之　C. 纪君祥　D. 李好古

17. 以下对关汉卿杂剧思想内容说法不正确的是(　　)。

A. 关汉卿剧作的主题和题材非常丰富,爱憎分明

B. 他的创作特别关注女性的命运,并给予女性深切同情

C.《望江亭》《救风尘》主要歌颂了女性对爱情的忠贞

D.《不伏老》是关汉卿自述心志之作,显示了其顽强不屈的性格特征

**【解析】**《望江亭》《救风尘》歌颂了两位敢于反抗恶势力、积极改变命运的女性,并非表现对爱情的忠贞。

**【答案】**

1. C　2. A　3. D　4. D　5. D　6. B　7. A　8. C　9. A　10. A　11. B　12. C　13. B　14. B　15. A　16. C　17. C

## 二、填空题

1. 王国维在《宋元戏曲史》中高度评价关汉卿的________和纪君祥的________,认为将这两部作品“列之于世界大悲剧中亦无愧色”。

2. 关汉卿的喜剧《望江亭》和________,分别塑造了谭记儿和赵盼儿这两位女性形象。

3. 马致远创作的杂剧________以昭君出塞为题材。

4. 白朴是________(朝代)著名戏剧家,他的作品________第一次把唐明皇与杨贵妃的故事搬上舞台。

5. 王实甫的代表作是《西厢记》,其中为张生和崔莺莺穿针引线的人是________。

6. 法国文豪伏尔泰将中国的一部悲剧作品改编成话剧,并在巴黎上演,这部中国悲剧作品是________。

**【答案】**

1.《窦娥冤》《赵氏孤儿》 2.《救风尘》 3.《汉宫秋》 4. 元朝 《梧桐雨》 5. 红娘 6.《赵氏孤儿》

## 三、名词解释

**《赵氏孤儿》**

**答:**《赵氏孤儿》是由元人纪君祥创作的一部杂剧作品。该剧讲述了春秋时晋国上卿赵盾遭诬陷,几乎导致灭门,仅存一婴儿赵武幸免,后在程婴等人的帮助下大仇得报的故事。该剧塑造了一批性格鲜明的人物。它作为中国戏剧中悲剧的一种,集中反映了中国悲剧文化精神,与《窦娥冤》《长生殿》《桃花扇》并称中国古典四大悲剧。《赵氏孤儿》是第一部传入欧洲的中国戏剧,并在欧洲产生过一定影响。

## 四、简答题

**分析《窦娥冤》中窦娥的人物形象。**

**答:**(1)窦娥的人物形象突出地表现为刚强和反抗精神。窦娥与婆婆之间的矛盾主要围绕招赘事件产生,她对婆婆的态度是责备、嘲讽、顶撞。面对张驴儿的要挟,窦娥毫不畏惧,宁愿对簿公堂,纵使公堂受审时惨遭折磨,亦不肯含冤屈服,临刑前还发出三桩誓愿,进行斗争、反抗和控诉,为自己辩白,这些都充分展现了窦娥的刚强和反抗精神。

(2)善良、贤惠。窦娥有着凄苦身世,年轻守寡,但是在艰难的日子面前,她仍然一心侍奉婆婆,尽儿媳本分。在公堂上受审,窦娥惨遭折磨并不屈服,但最后她不忍婆婆受虐,只能自己担下罪名,这些都是窦娥善良的表现。

# 第二十二章　明代戏曲

## 第一部分　考点归纳

### 第一节　从南戏到传奇

#### 一、南戏的形式和剧目 ★★

1. 南戏的形式

南戏每本动辄几十场，开头有题目正名，由付末开场；音乐以南曲为主，间用北曲，南北合套；每场不限一个宫调；脚色分为生、旦、净、末、丑、贴、外七种；各种脚色都可唱，有独唱、对唱、齐唱等。

2. 南戏的剧目

南戏中最早的剧目有《赵贞女》《王魁》《王焕》《乐昌分镜》《韫玉传奇》《张协状元》六种，是宋代作品；元末明初出现了《琵琶记》，以及号称"荆、刘、拜、杀"四大传奇的《荆钗记》《刘知远白兔记》《拜月亭》《杀狗记》等重要戏文。

#### 二、高明的《琵琶记》★

高明的《琵琶记》结构颇有独创性，全剧按蔡伯喈在京城、赵五娘在家乡的不同处境分两条线索交叉描写，使京城的豪华奢侈与乡村的家破人亡形成强烈对比，有效地扩展了剧本的容量。

《琵琶记》提高了南戏的艺术水平，是南戏由民间创作转为文人创作的转折点，被称为南戏之祖。

### 三、明代传奇 ★

南曲剧本即为明代传奇,其剧本特点有:

(1)多为鸿篇巨制,剧本一般分为上下两卷,上卷结束称为小收煞,下卷结束称为大收煞;

(2)分场称为“出”(齣),每部剧多达几十出;

(3)脚色行当由南戏的七色增加到十色:末、生、小生、外、旦、贴、老旦、净、副净、丑;

(4)音乐方面广泛运用“借宫”“集曲”“南北合套”,以增加曲牌数目。

## 第二节　汤显祖和《牡丹亭》

汤显祖为官廉洁,颇有善政,著有“临川四梦”戏剧(《牡丹亭》《邯郸记》《南柯记》《紫钗记》)、诗文集《红泉逸草》《问棘邮草》《玉茗堂文集》。

### 一、《牡丹亭》的剧情和主题意义 ★★

(1)剧情梗概:南宋初年,江西南安府太守杜宝有独生女丽娘,随老儒生陈最良学习《诗经》,被侍女春香引到后花园游春。杜丽娘回房后梦见一位风雅才子手持柳枝与她在牡丹亭畔梅树下幽会,醒来后追念不已,竟感梦而亡。她临死前画了一幅自画像并题诗一首,托春香藏在后花园太湖石旁。其父遵其遗嘱将她埋在梅树下,并修建梅花观为她守灵。杜丽娘死后仍不忘向判官打听情人姓名,其痴情感动了判官。三年后,书生柳梦梅来到梅花观养病,在后花园捡到杜丽娘的自画像,觉得面熟,原来他也做过和丽娘一样的梦。晚上画中人突然出现,自诉衷肠。柳生帮助她起死回生后,两人逃到临安。柳生在科举结束后带着杜丽娘画像去见已经成为宰相的杜宝,杜宝误以为他是盗墓贼,将他打入牢狱,正在此时,柳生得中状元的消息传来。但杜宝始终不承认还魂的女儿和女婿,最后经皇帝公断才全家团圆。

(2)主题意义:具有冲破封建礼教束缚人性、禁锢思想的特殊意义。

### 二、《牡丹亭》的艺术特色 ★

(1)借用死后还魂的古代传说,以浪漫的想象作为艺术构思的基点,情节离奇曲折,最关键的"惊梦""冥判""魂游""回生"几出将梦境、实景和幻境结合起来,写得迷离惝恍,支持着剧情的发展和人物的塑造。

(2)全剧语言雅俗各尽其妙,适合各自的角色。

## 第三节 明代的杂剧

### 一、明初到弘治、正德年间 ★

题材以神仙道化剧和伦理道德剧为主,主要作家作品有:王子一的《刘晨阮肇误入天台》、刘兑的《娇红记》、杨讷的《西游记》、朱有燉的《诚斋乐府》。

### 二、嘉靖到明末 ★

主要作家作品有:康海的《东郭先生误救中山狼》、王九思的《中山狼院本》、徐渭的《四声猿》、李开先的《宝剑记》、高濂的《玉簪记》。

# 第二部分 课后习题详解

**《牡丹亭》的主题在当时有什么现实意义?**

**答:**《牡丹亭》的主题已经不限于追求自主婚姻,而是要借杜丽娘这个有情人为追求爱情出生入死的过程,展示人的至情具有超生死、忘物我、通真幻的巨大力量。在明代统治者大力提倡程朱理学、颁修性理大全的时代,这一主题具有冲破封建礼教束缚人性、禁锢思想的特殊意义。程朱理学的主旨是"存天理,灭人欲",强调人的自然欲望和性情都要服从于封建纲常伦理这一根本的"天理"。汤显祖在《牡丹亭》题词里明确表示自己的创作动机就是针对"士大夫好谈性理"的风气,说明所谓"天理"就是能够起死回生的人欲至情,这对程朱理学的核心思想无疑具有极大的冲击力。

# 第三部分　典型习题详解

## 一、选择题

1.“原来姹紫嫣红开遍，似这般都付与断井颓垣”出自明代戏曲(　　)。

A.《南柯记》　B.《邯郸记》　C.《牡丹亭》　D.《紫钗记》

2. 中国的汤显祖与英国的莎士比亚是同时代的人，其代表作为(　　)。

A.《荆钗记》　B.《拜月亭》　C.《牡丹亭》　D.《墙头马上》

3.“南戏之祖”是对元末南戏(　　)的誉称，写汉代书生蔡伯喈与赵五娘悲欢离合的爱情故事。

A.《琵琶记》　B.《荆钗记》　C.《拜月亭》　D.《白兔记》

**【答案】**

1. C　2. C　3. A

## 二、填空题

1. ________是中国戏曲最早的表现形式，它形成于南北宋之交的浙江温州(古称永嘉)一带的民间。

2. 四大南戏是指《荆钗记》《刘知远白兔记》《拜月亭》________。

**【答案】**

1. 南戏　2.《杀狗记》

## 三、名词解释

**1. 汤显祖**

**答：**汤显祖是明代戏曲作家、文学家，是与英国莎士比亚处于同一时代的剧作家，所以有“东方的莎士比亚”之称。汤显祖有多方面的成就，而以戏曲创作为最。他在戏曲创作上，提倡文采，主张抒写人物的真情实感，反对极力追求声调格律。其主要作品是“临川四梦”，即《牡丹亭》《南柯记》《邯郸记》《紫钗记》，其中《牡丹亭》是其代表作。

**2.“临川四梦”**

**答:**“临川四梦”指明代戏曲作家汤显祖的《牡丹亭》《紫钗记》《邯郸记》《南柯记》四部作品。前两个是儿女风情戏,后两个是社会风情剧。

(1)《牡丹亭》讲述了官家千金杜丽娘对梦中书生柳梦梅倾心相爱,竟伤情而死,化为魂魄寻找现实中的爱人,人鬼相恋,最后在柳梦梅的帮助下起死回生,二人终成眷属的故事。

(2)《紫钗记》讲述了霍小玉与书生李益喜结连理、遭卢太尉设计陷害、豪侠黄衫客从中帮助,最终解开猜疑、消除误会的故事。

(3)《邯郸记》讲述了邯郸卢生梦中娶妻,中状元,建功勋于朝廷,后遭陷害被放逐,再度返朝做宰相,享尽荣华富贵,死后醒来,黄粱米饭还没有熟,因此而悟道的故事。

(4)《南柯记》讲述了书生淳于棼于梦中娶了槐安国公主,做了南柯郡太守,荣华富贵,梦醒而皈佛的故事。

“临川四梦”的四个梦境千变万化总是情,其实“梦”只是戏的表现手法,而“情”才是戏的理想内容。

# 第二十三章　明代小说

## 第一部分　考点归纳

### 第一节　《三国演义》

#### 一、作者和成书过程 ★★

章回小说由宋元讲史话本发展而来,讲史把长篇历史故事分成多次讲述,每讲一次,即后来的一回,每回用标题点出本次主要内容,即回目。

《三国演义》是我国章回小说的开山之作,也是我国最优秀的长篇历史小说。

作者罗贯中采用陈寿《三国志》和裴松之注的正史材料,吸取丰富的民间传说和戏曲故事,对《全相三国志平话》加以改编,写成了雅俗共赏的《三国志通俗演义》。

#### 二、思想意义 ★★★

《三国演义》的主导思想是反对分裂、要求统一,符合中国历史发展的趋势,体现出对中国封建统治政权的深刻理解,总结了政治、军事、外交等各方面斗争的经验和智慧,也揭示了矛盾和斗争推动历史发展的逻辑。

#### 三、艺术成就 ★★★

《三国演义》最突出的成就体现在人物形象的塑造和战争的描写两个方面。

(1)小说中人物形象众多、个性鲜明、各具特色,其中最有代表性的是诸葛亮、曹操和关羽三人。

(2)小说中描写的大小战役有四十多次,而且能各尽其妙,突出不同战役的复杂性、多样性和特殊性,呈现出波澜壮阔的战争场面,把紧张激烈的战争写得有张有弛、跌宕有致。其中最精彩的是赤壁之战。

## 第二节　《水浒传》

### 一、作者和成书过程 ★★

《水浒传》的作者是施耐庵。明末清初金圣叹腰斩《水浒传》,卷首加引子,结尾预示了梁山好汉的悲惨结局,经过这一编撰修改的过程,《水浒传》才有了当代流传的样貌。

### 二、思想意义 ★★★

《水浒传》取材于北宋末年梁山聚义的故事,通过来自社会不同阶层和不同职业的人被逼上梁山的不同原因,有力地证明了封建统治集团从上到下的黑暗腐败是导致民众奋起反抗的根本原因,揭示出“乱自上作”的主题思想。同时,其思想意义还在于塑造出许多富有反抗精神的英雄人物,肯定了被压迫者蔑视封建君权和法纪的正义性。

### 三、艺术成就 ★★★

《水浒传》的艺术成就主要体现在结构和人物塑造两个方面。

(1)整体上形成了伞状的结构,前七十回的主要部分由若干个英雄人物的传记衔接起来,每个人物自成段落,根据其特殊遭遇创作出一系列表现其性格发展的情节,犹如伞盖的各条伞骨,最后归总到梁山落草这根伞柄上。

(2)在人物塑造方面,小说最突出的成就体现在善于根据英雄好汉的不同身份和经历写出他们的不同性格特征。

(3)语言方面以白话为主,运用了准确、生动、通俗的文学语言,风格明快洗练,用词丰富多彩。

## 第三节 《西游记》

### 一、作者和成书过程 ★★

《西游记》是吴承恩根据元代《西游记平话》，吸取大量民间传说后，经过艰苦的艺术构思，重新组织和润色而成的，他是西游故事创造性的总结者。

### 二、思想意义 ★★★

《西游记》是一部神话小说，反映现实的方式是通过非现实的幻想，而不是以具体的社会矛盾和生活逻辑为依据。

小说通过唐僧师徒在西行路上取经的磨难，投影式地嘲讽了封建社会的各种世态人情，反映了百姓摧毁恶势力和征服自然灾害的理想和愿望。

### 三、艺术成就 ★★★

(1)小说创造了一个神奇瑰丽的童话世界，全书由四十多个故事组成，从头到尾没有雷同，每个故事都被安排得曲折惊险、出奇制胜。

(2)《西游记》塑造人物的方法是将人性和动物性巧妙地融合在一起。

(3)全书风格风趣幽默，善于用活泼调笑的笔调，使不少章回妙趣横生。

## 第四节 明代拟话本

### 一、冯梦龙和“三言” ★★

冯梦龙辑有“三言”小说集：《喻世明言》《警世通言》《醒世恒言》，通过作品劝喻和告诫世人。

(1)“三言”是三个话本集的总称，每集40篇，共120篇。以爱情为主题的作品几乎占三分之一，代表作是《杜十娘怒沉百宝箱》《卖油郎独占花魁》。

(2)“三言”中有小说直接从时事取材，大胆暴露当时统治的黑暗。

(3)“三言”保留了话本的结构形式，但故事情节更加曲折动人，脉络清楚，使白话短篇小说在古代文学史上获得了重要地位。

### 二、凌濛初和“二拍”

凌濛初与冯梦龙同时代，辑有“二拍”两本短篇小说集：《初刻拍案惊奇》和《二刻拍案惊奇》。

“二拍”取材于杂碎琐闻，思想艺术受到很大局限。但其中也有不少作品描写市民的商业活动和追逐利润的思想意识，显示出商人地位的提高以及明代市民意识的发展。

## 第二部分　课后习题详解

**1. 试分析《三国演义》中关于赤壁之战的描写。**

**答：**《三国演义》描写战争中最精彩的是赤壁之战。这场战争是决定三国鼎立局面的关键。作者首先抓住孙权、刘备和曹操之间的主要矛盾，又恰到好处地表现了吴、蜀之间的次要矛盾，运用八回的篇幅对大战的经过做了层次清晰的描写。首先以战前的形势作为铺垫，对比三方的实力，暗示曹操统一长江以北的地区后，挥戈南下的必然性。吴、蜀统一战线建立后，孙权仍然犹疑不决，于是诸葛亮舌战群儒，加上鲁肃力排众议，曹操在三江口折兵，周瑜夜探曹营水寨，促使情节发展到第一个高潮。这时插入一场潇洒轻松的群英会，先是蒋干中计，接着是诸葛亮草船借箭，黄盖苦肉计，阚泽密献诈降书，庞统巧授连环计，这一连串大战前的紧张准备，使情节发展到第二个高潮。决战开始，双方进入较量的最高潮，周瑜火烧连营，孙、刘大获全胜。小说在紧锣密鼓的战争布局中，还插入了一些充满诗情画意的描写，如曹操横槊赋诗、庞统挑灯夜读等，这些悠闲的插曲使战争场景张弛有度，更显得山外有山、戏中有戏，十分引人入胜。

**2. 如何理解《水浒传》的思想内容？**

**答：**《水浒传》取材于北宋末年梁山聚义的故事，以这个民族矛盾和社会矛盾极其尖锐的时代为背景，将高俅的发迹和宋徽宗对他的宠信作为故事的引子，一开头就揭示出“乱自上作”的主题思想。

《水浒传》的思想内容还在于塑造出许多富有反抗精神的英雄人物，肯定了被压迫者蔑视封建君权和法纪的正义性。

**3.试析《西游记》对孙悟空形象的塑造。**

**答:**《西游记》塑造人物的方法是将人性和动物性巧妙地融合在一起。其中的主要人物孙悟空是人的思维性格与动物体态习性的混合体,并具有神的超凡威力,也就是生物性、社会性和传奇性的奇妙结合体。孙悟空好动喜闹、急躁聪明,体现了猴性;但他又有人类诙谐俏皮、善于随机应变的性格,英雄好汉的正直无私、疾恶如仇、锄强扶弱的本色;同时他神通广大、法力无边,遇事总能化险为夷、绝处逢生,面对任何危险都轻松自如、充满自信,从来不会被困难吓倒。

# 第三部分　典型习题详解

## 一、选择题

1.下列作品中不属于“三言二拍”的是(　　)。

A.《喻世明言》　　B.《警世通言》

C.《二刻拍案惊奇》　　D.《醒世通言》

**【解析】**《醒世通言》应为《醒世恒言》。

2.《杜十娘怒沉百宝箱》和《乔太守乱点鸳鸯谱》分别节选自下面哪一部著作?(　　)

A.《喻世明言》《警世通言》　　B.《醒世恒言》《警世通言》

C.《警世通言》《醒世恒言》　　D.《牡丹亭》《桃花扇》

3.《三国演义》中“三英战吕布”,其中的“三英”是(　　)。

A. 张飞、关羽、马超　　B. 关羽、刘备、张飞

C. 诸葛亮、刘备、关羽　　C. 马超、张飞、刘备

4.《三国演义》中,望梅止渴、割须弃袍、横槊赋诗、败走华容道的是(　　)。

A. 刘备　　B. 曹操　　C. 孙权　　D. 周瑜

5.中国古代第一部写农民起义的章回体小说是(　　)。

A.《三国演义》　　B.《水浒传》

C.《红楼梦》　　D.《西游记》

6.在古典四大名著中,有一部是以描绘农民革命斗争为主的作品,该小说作品的作者是(　　)。

A. 吴承恩　　B. 罗贯中　　C. 吴敬梓　　D. 施耐庵

7.“风雪山神庙”与哪位人物有关？（　　）

A. 武松　　B. 李逵　　C. 鲁智深　　D. 林冲

8.《西游记》中“就是见了玉皇大帝，太上老君，我也只是唱个诺罢了”是（　　）的话语。

A. 猪八戒　　B. 孙悟空　　C. 沙和尚　　D. 杨戬

9. 四大名著中不正确的情节是（　　）。

A. 鲁肃巧授连环计　　B. 武松醉打蒋门神

C. 鲁智深倒拔垂杨柳　　D. 刘姥姥进大观园

**【解析】**A 项应是庞统巧授连环计。

10.“字字写来都是血，十年辛苦不寻常”和“文不甚深，言不甚俗”分别指（　　）。

A.《西游记》和《聊斋志异》　　B.《红楼梦》和《三国演义》

C.《水浒传》和《聊斋志异》　　D.《西游记》和《三国演义》

**【解析】**“字字写来都是血，十年辛苦不寻常”是曹雪芹自己对《红楼梦》的评说，意思是“自己花了十年的时间来创作这本书，费尽心力，字字都是心血，意义用心颇为不寻常”。“文不甚深，言不甚俗”出自明代蒋大器为罗贯中《三国演义》写的序言，意思为“历史演义结合，雅俗共赏”，是对《三国演义》语言风格准确而形象的概括。

11. 下面是作品中的人物和情节，其中搭配不当的是（　　）。

A. 诸葛亮七擒孟获　　B. 宋江雪夜上梁山

C. 林冲误闯白虎堂　　D. 关羽刮骨疗毒

**【解析】**B 项应改为“林冲雪夜上梁山”。

12.《三国演义》赤壁大战发生了一系列的事情，为大战做好了铺垫，其中主人公来自曹营的是（　　）。

A. 苦肉计　　B. 草船借箭

C. 连环计　　D. 蒋干盗书

**【解析】**苦肉计：赤壁之战前夕，曹操率领大军南下，意图统一江南。东吴的周瑜和黄盖为了击败曹操，精心策划了一场苦肉计。黄盖假装与周瑜不和，甚至被周瑜当众痛打一顿，以此制造两人不和的假象，骗过曹操派来的细作。这一计策的目的是让黄盖能够顺利诈降曹操。黄盖在被打得皮开肉绽后，派人向曹操送去降书,表示愿意归顺。曹操信以为真,放松了警惕。

连环计:赤壁大战前夕,周瑜先是巧用反间计,让曹操误杀了熟悉水战的蔡瑁、张允,又让庞统向曹操献上锁船之计,后用苦肉计让黄盖诈降。三计连环,打得曹操大败而逃。

蒋干盗书:赤壁之战前夕,奉曹操之命,蒋干劝说东吴大将周瑜归降。周瑜设下反间计,让蒋干偷看了假信,使曹操杀掉了水军首领蔡瑁、张允。后人用此成语比喻人上当受骗。

做此类题目需要对历史名著有一定了解,考试不会考太过偏僻的典故,考生应该至少熟悉四大名著中典故涉及的人物和情节。

**【答案】**

1. D 2. C 3. B 4. B 5. B 6. D 7. D 8. B 9. A 10. B 11. B 12. D

## 二、填空题

1. ________是我国第一部长篇章回小说,也是历史演义小说的开山之祖。

2. ________揭示了"天下大势,合久必分,分久必合"的历史发展规律。

3. 著名的"温酒斩华雄""威震长坂坡""单骑救幼主""七擒孟获"等流传极广的篇章出自元末明初小说家________的________。

4. 在《三国演义》中,被称为"扶不起的阿斗"的是________。

5.《三国演义》中"千里走单骑""单刀赴会"的英雄人物是指________。

6.《水浒传》是元末明初的________在长期流传的宋元话本的基础上加工创作而成的。

7. 在古典名著《水浒传》中,绰号"玉麒麟"是指________,"小旋风"是指________,"豹子头"是指________。

8. ________是著名长篇章回神魔小说,是古典文学中最辉煌的神话作品,标志着浪漫主义文学的新高峰。

9. "三打祝家庄""三打白骨精"等情节分别出自文学作品____________、____________。

**【答案】**

1.《三国演义》 2.《三国演义》 3. 罗贯中 《三国演义》 4. 刘禅 5. 关

羽　6.施耐庵　7.卢俊义　柴进　林冲　8.《西游记》　9.《水浒传》《西游记》

## 三、名词解释

**1.《三国演义》**

**答:**《三国演义》是中国古典四大名著之一,由罗贯中所著,是中国古代第一部长篇章回体历史演义小说,描写了以曹操、刘备、孙权为首的魏、蜀、吴三国在政治、军事上的斗争,展示了那个时代尖锐复杂的政治、军事冲突,对后世产生了深远影响。

**2."三言二拍"**

**答:**"三言"指的是明代冯梦龙的《喻世明言》《警世通言》《醒世恒言》,"二拍"指的是明代凌濛初的《初刻拍案惊奇》《二刻拍案惊奇》。"三言"主要反映了城市平民生活,以爱情题材居多;"二拍"中有不少作品描写市民的商业活动和追逐利润的思想意识。"三言二拍"代表了明代白话短篇小说的最高成就。

## 四、简答题

**1.简析《水浒传》中林冲的人物形象。**

**答:**林冲是一个上层人物被迫害、无奈造反的形象,他的性格有一个从忍气吞声到坚强反抗的发展变化过程。他的性格具有多面性。

首先,他循规蹈矩,逆来顺受,有委曲求全的忍耐性格,在他无辜被刺配沧州时,言及高俅,仍称之为高太尉。面对被刺配一事,好像是自己的过错一样。其次,他对下层百姓具有恻隐之心,富有正义感,多次救人急难,为人解困,如救李小二免送官司。再次,他有勇有谋、武艺高强、机智果断,如棒打洪教头、火并王伦等。最后,他也有谨小慎微、精细的个性。如林冲去买酒之前,先把草屋里的火炭盖了;回来发现草屋被雪压塌后,担心草屋里火炭燃烧起来,拨开废墟去看了才放心。

**2.分析《西游记》中唐僧的人物形象。**

**答:**唐僧是一个既有理想主义能坚持到底却又手无缚鸡之力的人物形象。

(1)信念坚定、毅力顽强。作为一个取经人,他不畏艰难险阻,不动凡心。

(2)善良。他有一颗慈悲、博爱之心,心容天下万物、世间苍生。宁死也绝不敢行凶,蝼蚁、飞蛾的性命都小心保护。

(3)佛法高深、学识渊博。他在长安为一千多名高僧讲经,在荆棘岭与四位老者对答如流。

(4)严于律己。他不仅对徒弟要求严格,而且对自己也十分严苛。宁可饿三五天,也绝不沾一点荤腥。

(5)但他个性懦弱无能,不能明辨是非,没有主见。遇到妖怪时束手无策,常因为自己的慈悲之心把妖魔误当成善人,常被他人挑唆对孙悟空念紧箍咒,可以说唐僧的身上集中了封建儒生迂腐和佛教信徒虔诚的特点。

# 第二十四章 明代诗文和词曲

## 第一部分 考点归纳

### 第一节 明代诗文

明代诗文数量很多，但成就无法与唐宋相比。

#### 一、明初诗文 ★

（1）刘基，以古文见长，语言简练生动，作品有《卖柑者言》和寓言集《郁离子》。

（2）宋濂，有《宋学士文集》，擅长散文，其中人物传记成就较高，其《送东阳马生序》是一篇励志的名作。

（3）高启，诗风格豪健奔放，又能兼取众家所长，代表作为《登金陵雨花台望大江》。

（4）于谦，明代著名的军事家和民族英雄，代表作为《石灰吟》。

#### 二、前后七子 ★

（1）前七子，是指以李梦阳、何景明为首的一个文学派别，主要成员还有徐祯卿、边贡、王廷相、康海和王九思五人。基本理论：认为文必秦汉，诗必盛唐；学习盛唐要从模仿盛唐的格调入手。但过于强调模仿前人，难免导致流弊。

（2）后七子，主要有李攀龙、王世贞、谢榛、宗臣、梁有誉、徐中行和吴国伦七人,他们进一步发挥学习秦汉盛唐的主张,对前七子的弊病也有所纠正。

### 三、唐宋派和归有光 ★

(1)唐宋派,与前七子相抗衡、反对盲目拟古,以唐顺之、王慎中、归有光、茅坤为代表,擅长古文,认为唐宋文才是继承秦汉古文的典范,其中归有光的成就最高。

(2)归有光著有《震川先生集》。其散文以抒情记事一类最有特色,如《先妣事略》《项脊轩志》《寒花葬志》等。

### 四、公安派和晚明小品文 ★

(1)公安派,以袁宗道、袁宏道、袁中道三兄弟为首,反对前后七子的拟古倾向,提倡抒写性灵,反对模拟;认为文学是发展的,各有其时代特点和历史原因;主张文章以精神气质为本;重视戏曲小说的文学价值,认为民歌是发自民间的真声。

(2)晚明小品文,发展了北宋散文平易自然、清新脱俗的特色,但更加自由活泼,抒写随性,因而成为中国古代散文中的一大亮点。

张岱提倡抒写真性情,文学主张接近公安派和竟陵派,散文大多短小精悍,清新流丽,富有诗情画意,以《陶庵梦忆》《西湖梦寻》《琅嬛文集》著称,是晚明小品文的代表作家。

## 第二节　明代散曲和民歌

### 一、明代散曲 ★

明代散曲中北方的代表作家有王九思、康海、冯惟敏、薛论道等,作品有冯惟敏的《海浮山堂词稿》4卷;南方的代表作家有陈铎、王磐,作品有陈铎的《滑稽余韵》、王磐的《王西楼乐府》。

### 二、明代的民歌 ★

对明代的民歌贡献较大的是冯梦龙,辑有《挂枝儿》《山歌》等民间俗曲集。

# 第二部分　课后习题详解

**1. 简析归有光的《项脊轩志》。**

**答:**归有光的《项脊轩志》通过追忆项脊轩从修葺到败坏的过程,抒发了作者对祖母、老乳母以及妻子的怀念。虽然每人只是寥寥几笔,只略举一件事或一句话,但都令人物身份和音容笑貌跃然纸上。如老乳母追忆作者母亲曾经站过的地方和说过的话,确是一个带过两代孩子的老仆人才有的口气;写妻子只提一句娘家小妹问什么叫阁子的闲话,又可想见当初妻子在轩中伴丈夫读书的温馨。写项脊轩的环境:“借书满架,偃仰啸歌,冥然兀坐,万籁有声,而庭阶寂寂,小鸟时来啄食,人至不去。三五之夜,明月半墙,桂影斑驳,风移影动,珊珊可爱。”所取都是最平常的景物,却清幽朴素而自见天籁之趣。全文在淡淡的记述中流露出浓重的感伤,动人心弦又风味超然。

**2. 举例分析张岱小品文的艺术特色。**

**答:**张岱提倡抒写真性情,其文章大多短小精悍,清新流丽,富有诗情画意。《西湖七月半》是他的名篇,专写西湖各类游客赏月的不同情态,将游湖人分为五类,前四类只是怀着各种目的来凑热闹,只有一类人专找僻静之处,待人散之后才慢慢赏月。文章将士大夫的清高和杭州市民的俗态加以对照,写得谐趣百出。

其《湖心亭看雪》更是一篇写雪景的美文,其中“雾凇沆砀,天与云与山与水,上下一白,湖上影子,惟长堤一痕,湖心亭一点,与余舟一芥,舟中人两三粒而已”一节,巧用量词,以几点浓墨、一痕淡墨,反衬出云天山水一色的雪雾世界,犹如一幅简淡至极的水墨画。

# 第三部分　典型习题详解

## 一、选择题

1.《送东阳马生序》是一篇励志的名作,其作者是(　　)。

A. 刘基　　　B. 宋濂　　　C. 高启　　　D. 于谦

2. 唐宋派认为唐宋文才是继承秦汉古文的典范,其中成就最高的是(　　)。

A. 唐顺之　　B. 王慎中　　C. 归有光　　D. 茅坤

**【答案】**

1. B　2. C

## 二、填空题

1.《项脊轩志》的作者是________,被称为"今之欧阳修"。

2. 明代"前七子"派的文学主张是:________,________。

3. 袁宏道是明代________派的代表人物。

**【答案】**

1. 归有光　2. 文必秦汉　诗必盛唐　3. 公安

# 第二十五章　清代诗文和词派

## 第一部分　考点归纳

### 第一节　清代诗词

清代文学的时段是指从 1644 年明朝覆灭到 1939 年鸦片战争前夕。

#### 一、清初遗民诗 ★★

(1)顾炎武,明清时期著名思想家、学者和文学家,学术上主张经世致用,文学上主张作文要有益于天下,诗风苍凉悲壮,著有《亭林诗文集》《日知录》等。

(2)吴嘉纪以苦吟为乐,著有《陋轩诗》。诗集中最重要的内容是痛斥清兵在扬州屠城的血腥罪恶及苏北地区的民生状况。

清初遗民诗饱含故国之思、民生之苦,慷慨悲凉。

#### 二、"江左三大家"和"南施北宋" ★

(1)"江左三大家"指钱谦益、吴伟业、龚鼎孳,三人诗风都以学唐为主。钱、吴在清初诗坛影响较大。

(2)"南施北宋"指施闰章和宋琬:前者擅长五言古近体诗,有不少反映民生疾苦的诗作,风格温柔敦厚;后者的诗集中感伤忧患的作品较多,风格雄健磊落。

### 三、“南朱北王” ★

“南朱北王”指朱竹坨和王士祯。

(1)朱竹坨,本名朱彝尊,清朝词人、学者、藏书家,时为词坛领袖,开创了“浙西词派”,影响康雍乾三朝百余年词坛。

(2)王士祯著有《带经堂集》,提倡“神韵”,追求清远淡泊的风格,擅长绝句和律诗,内容多为山水、应酬,作品有《秋柳》等。

### 四、郑燮和“乾隆三大家” ★★

(1)郑燮,号板桥,擅长书画,一生只画兰花和竹石,是“扬州八怪”的重要代表人物,有爱民之心,作品有《墨竹图》《竹石图》等。

(2)“乾隆三大家”指袁枚、赵翼和蒋士铨。袁枚和赵翼推重性灵,主张创新,其诗清新别致,浅易自然。蒋士铨作品语言质朴自然,情感真挚。

**【真题回顾】**袁枚《苔》:“白日不到处,青春恰自来。苔花如米小,也学牡丹开。”对诗意理解正确的是(　　)。

A. 苔花虽长在阴湿的地方,但自有美好的青春,定要和牡丹比试高下

B. 苔花自知长得很小,所以自惭形秽,仰慕牡丹,努力学习牡丹绽放努力绽放

C. 苔花生长于阴湿的地方,看不到美好的青春年华,因此要努力绽放

D. 苔花虽然很小,但有自己美好的青春,也要像牡丹一样尽情绽放

**【答案】**D

**【解释】**这首诗不但从独特角度发现了青春活力的无处不在,而且激励平凡的生命绽放出美丽的光彩。

### 五、清词的复兴 ★★

(1)浙西词派,追求清丽雅正的风格,以朱彝尊为代表,由《浙西六家词》得名。

(2)阳羡词派,以陈维崧为代表,崇尚苏辛,词风雄浑粗豪。

(3)常州词派,创始人张惠言,词派的宗旨是尊词体、崇比兴和分正变(以婉

约派词为正宗)。

(4)纳兰性德,在清代词人中成就最高,著有《饮水词》,内容主要是相思离别、哀感闲愁,风格清新自然,凄婉哀怨,接近李后主。尤以小令见长,如《长相思》。

## 第二节 清代散文和骈文

### 一、清初散文三大家 ★

清初散文三大家指的是魏禧、侯方域、汪琬。其中,魏禧受史传散文和苏洵影响较大,文风雄健刚劲;侯方域对当时政治持批判态度,著有《李姬传》等;汪琬文风受欧阳修影响较多,文章疏畅通达。

### 二、桐城派古文 ★

桐城派为清代影响最大的一个文学流派,代表人物是方苞、刘大櫆、姚鼐。其基本主张是:(1)尊奉程朱理学,作文目的是通经明道,道统和文统的结合是古文最高标准;(2)讲究"义法",要求内容与形式统一;(3)义理、辞章、考据三者结合。

桐城派古文讲究语言雅洁、文章严谨简练。代表作有方苞的《狱中杂记》、姚鼐的《登泰山记》。

### 三、骈文的复兴 ★

汪中,清代最杰出的骈文家,文风高古醇雅,代表作为《哀盐船文》。

# 第二部分 课后习题详解

**1.清初遗民诗反映了什么样的思想感情和社会现实?**

**答:**明末清初,一部分诗人参加了抗清斗争,失败后成为遗民。他们将故国之思、民生之苦写到诗里,无不慷慨悲凉,具有深切的感染力量。其中成就较突出的有顾炎武、吴嘉纪、屈大均等人。反映的社会现实具体如下:

(1)从多方面反映了明末政治的腐败、江南人民的抗清斗争、清兵入关后大肆屠杀的罪行。

(2)痛斥清兵在扬州屠城的血腥罪恶,描写苏北地区的民生状况,并揭露当时盐政、军输、河患给人民带来的无穷苦难。

**2. 试析姚鼐的《登泰山记》。**

**答:**姚鼐的《登泰山记》全面记述泰山的地理形势、冬日登泰山的时间、从南麓登山的路径、沿途所见胜景古迹及风光。其中在日观亭观看日出一段写得鲜明如画。先写在风雪扑面的情况下等待日出,视线随云气从足下移到云中众山,再放眼到天尽头,渲染日出前云雾弥漫的冬晓景象。然后正面写日出之景,从云天一线色彩的变异转到日出时的丹红色,以及远处晃动着承接红日的一片红光。再从日观亭西面山峰被阳光照射的斑驳色彩,以及一律弯腰曲背的形态烘托出初日的壮美。寥寥百余字,全方位地展示了泰山云海日出的动态过程。结尾写附近山景,大多使用三四字的短句,以三“多”、三“少”、三“无”概括山上石多松多、只见冰雪的景观,文字极其洁净,几乎无一字可以省略,充分显示出作者驾驭文字的能力。

# 第三部分　典型习题详解

## 一、选择题

1.《日知录》的作者是(　　)。

A. 吴嘉纪　　B. 钱谦益　　C. 顾炎武　　D. 吴伟业

2. 下列不属于乾隆三大家的是(　　)。

A. 郑燮　　B. 袁枚　　C. 赵翼　　D. 蒋士铨

**【答案】**

1. C　2. A

## 二、填空题

1. 清代前期,诗坛权威人物王士禛重视文学独立的艺术价值,提出了影响一代诗人的“________”。

2. 被王国维称赞为“北宋以来，一人而已”的是________。

3. 清代中叶出现的影响最大、延续时间最长的散文流派——桐城派，代表人物是刘大櫆、姚鼐和________。

**【答案】**

1. 神韵说　2. 纳兰性德　3. 方苞

## 三、名词解释

### 1. 纳兰性德

**答:**纳兰性德，字容若，清朝初年词人。他的《纳兰词》不但在清代词坛享有很高声誉，在整个中国文学史上也占有光彩夺目的一席之地，后人称誉他为“清朝第一词人”。他的词以“真”取胜，写景逼真传神，词风“清丽婉约、哀感顽艳、格高韵远、独具特色”，代表作有《长相思》《望海潮》等。

### 2. 浙西词派

**答:**浙西词派是清代前期最大的词派，影响深广。其创始者朱彝尊及主要作者都是浙江人，故得此名。该词派随着清朝统一全国，走向鼎盛。阳羡词派悲慨凄怨之声渐成难合形势要求的别调异响，而以朱彝尊为代表的浙西词派顺应太平，以醇正高雅的盛世之音播扬上下，绵亘康雍乾三朝。

# 第二十六章　清代戏曲

## 第一部分　考点归纳

《长生殿》和《桃花扇》两剧作者洪昇和孔尚任被称为“南洪北孔”。

### 第一节　长生殿

#### 一、作者洪昇及其作品 ★

洪昇一生功名不顺,但其夫人爱文学,通音律,能与他同甘共苦,洪昇杂剧中所表现的爱情理想与此有关。洪昇戏曲有杂剧《四婵娟》和传奇六种,今仅存《长生殿》和《四婵娟》。

#### 二、李、杨故事的演变和《长生殿》的写作过程 ★

(1)李、杨故事的演变:《长生殿》以安史之乱为背景,取材于唐明皇李隆基和杨贵妃的故事。白居易的《长恨歌》和陈鸿的《长恨传》在故事性质的演变中起了关键作用。

(2)《长生殿》的写作过程:三易其稿,主题也换了三次。先是感叹李白在盛世的遭遇,后来是表现李泌辅佐唐肃宗中兴唐王室的功绩,最后形成传世的稿本。

#### 三、《长生殿》的主题思想 ★★

《长生殿》包含了相互矛盾的双重主题:一是赞美李、杨爱情的民间传说;二是提供兴亡教训的历史真实。

### 四、《长生殿》的艺术成就 ★★

(1)主要成就不在人物性格的塑造,而在强烈的抒情色彩和细腻的心理描写。剧本最成功的是那些诗情画意的戏剧场面。

(2)《长生殿》是一部戏剧化的抒情诗,其感人之处与其说是主人公的遭遇和命运,不如说是这些场景中浓郁的诗剧气氛。

(3)《长生殿》的曲词能配合其场景情节和人物身份,变换不同的风格。

## 第二节　桃花扇

### 一、作者孔尚任及其作品 ★

孔尚任著有传奇《小忽雷传奇》《桃花扇》、诗集《湖海集》。

### 二、《桃花扇》的故事背景 ★

《桃花扇》取材于明亡前夕到南明覆灭期间,发生在以南京为中心的政治舞台上的政治军事事件。

故事背景有两个:(1)马士英、阮大铖把持南明政权后,继续迫害复社文人;(2)南明政权内部的文臣武将依旧搜刮百姓、争权夺利、自相残杀,甚至投降清军以求苟全,只剩下史可法率领三千老弱死守扬州。

### 三、《桃花扇》的主题思想 ★★

剧本的主题首先是总结明王朝覆灭的教训,抒发作者深沉的兴亡之感,其次是赞美那些坚守政治节操的忠臣义士和下层市民。剧本最大的亮点是塑造了一些下层市民的正面形象。

### 四、《桃花扇》的艺术成就 ★

(1)最突出的成就是塑造了众多复杂的人物形象。

(2)剧本的独到之处在于能揭示人物的个性特征和人性的复杂,防止人物形象简单化和类型化。

(3)结构完整严谨,关目针线细密,剧情转换灵活多变。剧本在宾白处理上也颇有独创性。

# 第二部分　课后习题详解

**1.《长生殿》的艺术特色是什么?**

**答:**(1)《长生殿》的主要成就不在人物性格的塑造,而在强烈的抒情色彩和细腻的心理描写。剧本最成功的是那些诗情画意的戏剧场面。

(2)《长生殿》是一部戏剧化的抒情诗,其感人之处与其说是主人公的遭遇和命运,不如说是这些场景中浓郁的诗剧气氛。

(3)《长生殿》的曲词能配合其场景情节和人物身份,变换不同的风格。

**2.谈谈《桃花扇》的背景和主题思想。**

**答:**(1)《桃花扇》的背景。《桃花扇》取材于明亡前夕到南明覆灭期间,发生在以南京为中心的政治舞台上的政治军事事件,背景有两个:一是马士英、阮大铖把持南明政权后,继续迫害复社文人;二是南明政权内部的文臣武将依旧搜刮百姓、争权夺利、自相残杀,甚至投降清军以求苟全,只剩下史可法率领三千老弱死守扬州。

(2)《桃花扇》的主题思想。剧本的主题思想首先是总结明王朝覆灭的教训,抒发作者深沉的兴亡之感,其次是赞美那些坚守政治节操的忠臣义士和下层市民。

# 第三部分　典型习题详解

## 一、选择题

1.洪昇的戏曲《长生殿》主要讲述的是下列哪些历史人物的爱情故事?(　　)

A.许仙与白娘子　　B.李隆基与杨玉环

C.梁山伯与祝英台　　D.勾践夫差

2. 孔尚任的《桃花扇》借(　　)之间的离合之情写兴亡之感。

A. 唐明皇与杨贵妃　　B. 杜丽娘与柳梦梅

C. 侯方域与李香君　　D. 张生与崔莺莺

3. “借离合之情，写兴亡之感”，通过文人侯方域和秦淮名妓李香君悲欢离合的爱情故事，反映南明小王朝覆亡的悲剧历史的是(　　)。

A.《西厢记》　B.《长生殿》　C.《桃花扇》　D.《窦娥冤》

**【答案】**

1. B　2. C　3. C

## 二、填空题

1. 清代有两位著名的戏曲作家，时称“南洪北孔”，其中“北孔”指的是________，代表作品________；“南洪”指的是________，代表作品________。

2.《长生殿》取材于白居易的________，描写的是________和________的爱情故事。

3. ________是一部“借离合之情，写兴亡之感”的历史剧，作者是________。

**【答案】**

1. 孔尚任　《桃花扇》　洪昇　《长生殿》　2.《长恨歌》　唐玄宗　杨贵妃　3.《桃花扇》　孔尚任

## 二、名词解释

### 1. “南洪北孔”

**答：**“南洪北孔”指清初两位著名的剧作家洪昇和孔尚任。因洪昇是南方浙江钱塘(今杭州)人，孔尚任是北方山东曲阜人，故后人誉之为“南洪北孔”。这两人分别创作的《长生殿》和《桃花扇》代表了古典戏曲的两座高峰，被称为清代戏曲双璧，代表了17世纪末传奇创作的最后辉煌。

### 2.《长生殿》

**答：**《长生殿》是清代戏曲作家洪昇的传奇作品，包含了相互矛盾的双重主题：一是赞美李隆基与杨玉环的爱情，二是提供历史兴亡的教训。剧本注重人物性格的塑造，曲词能配合其场景和人物身份，变换不同的风格。场景中诗剧气氛浓厚,剧本一方面谴责了唐玄宗的穷奢极侈,同时又表现了对唐玄宗和杨玉环之间爱情的同情,间接表达了对明朝统治的同情,还寄托了对美好爱情的理想。

## 四、简答题

**1. 简要比较《牡丹亭》和《桃花扇》爱情主题的不同。**

**答:**《牡丹亭》和《桃花扇》爱情主题的不同主要表现为:

(1)《牡丹亭》以情抗理

《牡丹亭》的女主人公杜丽娘是一个晶莹通透的纯真少女,她爱自然、爱生命、爱自由,却被森严的礼教限制在深闺绣阁之中。她在官衙里住了三年,居然连自家的后花园都没有去过;白天睡个午觉都让母亲责备不合礼教;在裙子上绣一对鸳鸯鸟,母亲也生怕引动女儿的情思。在这样一个灭绝情欲的世界里,封建礼教吞噬了正常的感情。然而,生命意识是顽强的、不可战胜的,汤显祖生动展示了杜丽娘对真挚爱情生死不渝的追求。在《牡丹亭》中,男女爱情被写得缠绵悱恻,超凡入幻。

杜丽娘作为"情"的代表和化身战胜了作为天理的化身的封建礼教,这一生动的艺术形象体现了作者"理之所必无"而"情之所必有"的创作主旨。

(2)《桃花扇》借儿女情长抒历史兴亡之感

《桃花扇》把爱情主题镶嵌在历史背景中,把李香君忠于爱情而不肯屈服于权奸的故事,与南明王朝的兴亡紧密联系在一起,使爱情直接和政治斗争相连。一幅幅现实主义的图画概括地展现了南明王朝兴亡的过程,揭示了这个腐败的王朝必然灭亡的命运。由此可见,孔尚任为《桃花扇》注入了崭新的生活内容,使它富有更深刻的社会意义。

《桃花扇》不仅跳出了平庸的才子佳人戏俗套,也不是一般的以社会动乱为背景的爱情戏所能相提并论的。《桃花扇》的戏剧结构格外让人称道。从赠扇定情开始,侯李二人的爱情就被置于激烈的斗争旋涡中。后来两人被迫分开,自然扩展为两条情节线。这两条情节线反映了南明朝野内外的广阔历史画面。这种既精巧又宏伟的戏剧结构,最大限度地反映了历史生活的广度和深度,这是孔尚任的匠心独创,也是《桃花扇》高出一般才子佳人戏的关键所在。

# 第二十七章　清代小说

## 第一部分　考点归纳

### 第一节　《聊斋志异》

明代小说大多为集体创作而经作者加工的产物，清代小说则以文人创作为主，优秀作家几乎都经历过穷困潦倒的生活，接触了较为复杂的社会现实，概括生活的能力和艺术表现的手法更加高超。

#### 一、作者蒲松龄及其作品 ★

蒲松龄著有《蒲松龄集》，作品有《聊斋志异》。

#### 二、《聊斋志异》的思想内容 ★★

《聊斋志异》是一部短篇文言小说集，各篇内容不同：

(1)最有思想价值的一类作品能揭露各种贪官污吏和土豪劣绅的罪恶，反映封建统治者的残酷和社会的黑暗现象，如《促织》《成仙》《潞令》《韩方》《梦狼》等。

(2)赞扬受压迫者对封建统治者的顽强反抗精神，如《席方平》《向杲》《商三官》《崔猛》《红玉》等。

(3)痛切地揭露了科场不公对读书人的戕害，是我国文学史上最早抨击科举弊端的小说，如《叶生》《贾奉雉》《司文郎》《于去恶》等。

(4)女性形象的塑造折射出晚明以来经济社会和思想意识的变化，如《鸦头》《瑞云》《侠女》《狐谐》等。

### 三、《聊斋志异》的艺术成就 ★★

《聊斋志异》是我国文言短篇小说发展到最高阶段的标志，直接继承六朝志怪小说和唐传奇的传统，又加以创新，用传奇的方式来志怪，形成了与小说内容相适应的独特艺术风格。

(1)借非现实世界的描写，反映了现实生活中的某些本质现象；

(2)在塑造人物形象方面具有独到的成就，通过日常生活中富有特征的细节描绘，把人物的外貌、行动和心理表现出来；

(3)作者笔下的狐妖鬼神多具人情，但也保留一些动物的特点；

(4)故事离奇曲折，文势纵横诡变，有些情节既出人意料，又合情合理；

(5)小说的语言成就突出体现在人物的对话和描述语言上。

## 第二节 《儒林外史》

### 一、作者吴敬梓及其作品 ★

吴敬梓经历了家道中落，饱尝世态炎凉，对社会现实的认识愈益清醒，著有《文木山房诗文集》《儒林外史》。

### 二、《儒林外史》的思想意义 ★★

《儒林外史》是我国古典文学中最杰出的讽刺小说。

(1)淋漓尽致地揭露了科举功名对人心的毒害，及其对封建官僚体系和社会风气的严重腐蚀，从根本上否定了以八股取士的科举制度；

(2)撕开儒林伪君子的道德假面，谴责程朱理学和封建礼教压制人性、扼杀人命的罪恶，撼动了科举制度的思想基础；

(3)在批判科举八股的同时，塑造出一批不同流俗的理想人物，体现了作者在困境中寻找社会出路的认真思考。

### 三、《儒林外史》的讽刺艺术 ★★

(1)小说中的很多人都有生活的原型,许多事也是封建社会中司空见惯的现象,经过作者的提炼概括,就具备了高度的典型性。如范进、严贡生、严监生等。

(2)小说善于通过人物自相矛盾的言语和行动,利用前后细节的对照取得强烈的讽刺效果。如范进的岳父、纨绔子弟杜慎卿等。

晚清的"谴责小说"如李伯元的《官场现形记》、吴趼人的《二十年目睹之怪现状》等,都受其影响。

## 第三节 《红楼梦》

### 一、《红楼梦》的作者和续书 ★

《红楼梦》的作者为曹雪芹,最早只有前八十回,后四十回一般认为由高鹗续写。

### 二、《红楼梦》的思想内容 ★★★

《红楼梦》是我国最伟大的古典小说,以贾府这个封建大家族的衰败过程为主线,展现了封建社会生活的各个层面以及各种错综复杂的矛盾,并预示了这个社会必然没落和崩溃的历史趋势。主题思想具体表现在:

(1)通过贫富悬殊的鲜明对照,深刻揭露了封建贵族依靠剥削农民维持其奢侈生活的本质,以及这种奢靡享乐已经难以为继的危机;

(2)从道德沦丧的层面,揭示出这个贵族家庭内部的荒淫无耻和恶性争斗对封建纲常伦理的破坏;

(3)从上下内外多种角度,揭开了这个大家族底层婢仆遭受奴役凌辱的黑幕,以及豪门官府相互勾结欺压百姓的权力关系网。

### 三、《红楼梦》的艺术成就 ★★★

(1)借助大量平淡琐细的日常生活描写,塑造了具有典型意义的血肉饱满的艺术形象。环境描写和人物刻画相互烘托,以诗意的境界象征人物的性格命运。

(2)反映的生活真实自然,浑然天成,在平常的生活中显示出深刻的意蕴,不像之前的小说那样为强调传奇性和情节的紧张,夸大人物的特异行为和惊人的场面。

(3)全书语言以北方话为基础,大量吸取生活口语,又融入了中国古典诗词的意境,文采斐然,耐人寻味,达到了炉火纯青的境界。

# 第二部分　课后习题详解

**1.从《聊斋志异》中选择若干篇章说说作者借助狐鬼描写人物的创作手法。**

**答:**《聊斋志异》是一部短篇文言小说集,各篇内容不同。不同创作手法举例如下:

(1)揭露各种贪官污吏和土豪劣绅的罪恶,反映封建统治者的残酷和社会的黑暗现象。如《促织》写明代宣德年间宫里向民间征收蟋蟀,华阴县一个里正的小儿子不慎把父亲捉到的蟋蟀弄死,投井身亡,魂气化为一只善斗的蟋蟀,被进贡到宫里,百战百胜,致使各级官吏都得到封赏。故事尖锐地指出皇帝的玩物是百姓以儿女生命换取的,而各级官吏则是帮助皇帝掠夺人民的工具。

(2)赞扬了受压迫者对封建统治者的顽强反抗精神。如《席方平》篇写席父被财主仇人害死,席方平到地狱为父亲申冤,一直告到冥王那里,因各级上下都收受了仇人贿赂,席方平受尽酷刑拷打,始终不肯屈服。冥王为封口,又许其长寿富贵,席方平还是不为所动,最后告到二郎神前,才将冥王和阴间各级官府都治了罪。小说借阴曹地府为人间写照,控诉了各级官府沆瀣一气与豪绅相互勾结残害百姓的罪恶。席方平敢于反抗恶势力的勇气和不屈不挠的斗志也刻画得极为感人。

(3)痛切地揭露了科场不公对读书人的戕害,是我国文学史上最早抨击科举弊端的小说。如《叶生》写叶生诗赋文章可称翘楚,但屡试不中。县令丁乘鹤带叶生回家教授公子,叶生竭尽平生之力,使丁公子连考连中。最后在丁公子催促下叶生重上科场,竟然得中。但当他衣锦还乡时,才发现自己早已去世,原来他是变了鬼才考中阳间的举人。叶生死后借着一点阴灵为自己扬眉吐气的行为,反过来正说明有多少人才成为科场的冤魂。另外,作者又尖锐地指出科场取人的庸滥根源在于考官的不学无术。

(4)女性形象的塑造折射出晚明以来经济社会和思想意识的变化。如《鸦头》写狐女鸦头主动约男子私奔,在外乡卖酒贩浆、刺绣裁缝,用自己的劳动维持生活,后被母亲追回,受尽严刑拷打,仍誓不变心,最终和情人团圆。这种备受折磨而不折不挠的反抗精神,体现了小生产者希望通过自食其力获取爱情幸福的理想。

**2.为什么说《儒林外史》对科举制度的批判达到了前所未有的深度?**

**答:**《儒林外史》淋漓尽致地揭露了科举功名对人心的毒害,及其对封建官僚体系和社会风气的严重腐蚀,从根本上否定了以八股取士的科举制度。

科举制度始创于隋唐,对于六朝以门第取人的九品中正制而言,是一种进步。但随着封建社会的日趋没落,科举制也愈趋腐朽。明清科举变成只考八股文,题目限于四书五经以内的文句,文章格式都有规定,所录取的只能是思想被程朱理学禁锢的书呆子以及封建制度的工具。吴敬梓所处的时代,正是一般士人最醉心于八股制艺的时代。《儒林外史》用一系列具体生动的人物形象,揭示了科举八股对他们心灵的摧残。这些人物中,有中举前后歇斯底里或发疯变傻的老童生周进和范进;有一生沉迷于钻研举业的八股文选家马二先生;有为追求功名而从单纯的农村青年沦为骗子流氓的匡超人,小说通过这些人物的经历和遭遇,展现出科举八股如何使正常人变得人性扭曲、思想僵化,甚至道德沦丧,堕落为卑鄙无耻的衣冠禽兽。

同时,小说还通过对一群科举出身的贪官污吏和土豪劣绅的尖刻讽刺,指出科举制度是导致政治腐败的重要根源。小说还用大量篇幅刻画出一批假名士、假高人的丑恶嘴脸。这些人因科场落第而标榜清高,借此沽名钓誉。

**3.为什么说《红楼梦》中贾宝玉的形象体现了近代民主意识的萌芽?**

**答:**《红楼梦》在揭示封建贵族没落趋势的同时,还塑造了一批叛逆者的形象,已显露出早期民主思想的萌芽。其中最重要的是贾宝玉这个人物,他的反叛首先表现在彻底否定封建家族给士子规定的人生道路。他厌读被程朱理学奉为经典的四书五经,鄙视科举和功名富贵,将追求“仕途经济”之人一概骂为“国贼禄蠹”,甚至把“文死谏、武死战”这类封建最高道德说得一文不值。其次表现为他与奴仆平等相处、“没上没下”的作风，甚至主张释放丫鬟，还协助戏子从王府逃跑。最后表现为尊重女性的态度，他把朝中的文武官僚以及许多庸俗男子都痛骂为“须眉浊物”，而对处于封建礼教重压之下的青年女子则怀着极大的同情，称她们是“水做的骨肉”。这对于数千年来男尊女卑的封建传统观念是重大的突破。因此，贾宝玉这个人物虽然不免带有贵族公子的惰性和纨绔习气，以及佛老思想的空幻色彩，但已经是一个初具民主意识的叛逆者典型。

**4. 从《红楼梦》中任选一个你熟悉的人物形象试加分析。**

**答:**《红楼梦》中有一群反抗封建势力摧残的下层女子形象，其中最有代表性的是晴雯，她有做人的原则，能为保卫自己清白独立的人格做出激烈的反抗。晴雯是一个从小就失去人身自由、不知父母姓氏的奴婢，但疾恶如仇、不怕权势，敢于蔑视和冒犯主子，抄检大观园时她对王善保家的痛斥，将她的血性和勇气发挥到极致。小说中这类不甘心受辱的少女还有很多，作者将这群底层妇女提高到诗意的境界，为她们做人的权利和尊严大声呼吁，并展示了她们高洁不凡的内心世界，这样的叛逆者形象是前所未有的。

# 第三部分　典型习题详解

## 一、选择题

1. 下列小说被誉为“我国古代讽刺小说典范”的是(　　)。

A.《金锁记》　B.《儒林外史》　C.《老残游记》　D.《海上花》

2. 下列不属于《儒林外史》中的人物是(　　)。

A. 范进　B. 严监生　C. 沈琼枝　D. 杜十娘

**【解析】**《儒林外史》是清代吴敬梓创作的长篇小说，代表着中国古代讽刺小说的高峰，开创了以小说直接评价现实生活的范例。王冕、范进、严监生、沈琼枝等为书中主要人物。D 项杜十娘是明代冯梦龙的《杜十娘怒沉百宝箱》中的女主人公。

3. (　　)是中国成就最高的短篇小说集。全书共四百九十一篇，大都为妖狐神鬼故事。

A.《儒林外史》　B.《聊斋志异》　C.《西游记》　D.《搜神记》

4. 下列不属于《聊斋志异》中的故事的是(　　)。

A.《婴宁》　B.《画皮》　C.《玉堂春》　D.《席方平》

**【解析】**《聊斋志异》是中国清代著名小说家蒲松龄的文言短篇小说集。书中的经典故事有《婴宁》《辛十四娘》《画皮》《莲香》《小谢》《席方平》等。C项《玉堂春》是中国戏曲中流传最广的剧目之一，是京剧旦角的开蒙戏，故事见冯梦龙的《警世通言》中的《玉堂春落难逢夫》，剧本已失传。

5. 郭沫若评(　　)"写鬼写妖高人一等，刺贪刺虐入骨三分"。

A.《世说新语》　B.《聊斋志异》　C.《搜神记》　D.《儒林外史》

**【解析】**"写鬼写妖高人一等，刺贪刺虐入骨三分"，是郭沫若评论《聊斋志异》时所写的。《聊斋志异》揭露了封建统治的黑暗，抨击了科举制度的腐朽，具有丰富深刻的思想内容，其中一些写花妖狐魅和人的恋爱的作品，表现了作者理想的爱情。

6. 下列哪个地方是《红楼梦》中薛宝钗的居住地？(　　)

A. 怡红院　B. 潇湘馆　C. 蘅芜苑　D. 宝钗阁

7. 小说《红楼梦》中"可叹停机德，堪怜咏絮才"中"咏絮才"指的是(　　)。

A. 林黛玉　B. 薛宝钗　C. 王熙凤　D. 史湘云

8. 下列人物与事迹搭配错误的是(　　)。

A. 林黛玉焚稿断痴情　B. 刘姥姥进大观园

C. 贾宝玉神游太虚境　D. 薛宝钗协理宁国府

**【解析】**ABC三项均出自《红楼梦》，D项应改为"王熙凤协理宁国府"。

9. "可怜绣户侯门女，独卧青灯古佛旁"是(　　)的判词。

A. 元春　B. 探春　C. 迎春　D. 惜春

**【解析】**"可怜绣户侯门女，独卧青灯古佛旁"是《红楼梦》中贾惜春的判词，这句话的意思是"一个出身很好的侯门千金小姐，最终只能在佛像、青灯旁边度过凄苦、孤独的一生"。

10. (　　)被认为是"中国古典小说之巅峰"。

A.《红楼梦》　B.《三国演义》　C.《水浒传》　D.《西游记》

**【解析】**《红楼梦》被视为中国古典小说的巅峰，以至于以一部作品构成了一门学术性的独立研究学科——红学，这在文学史上是极为罕见的。

【答案】

1. B 2. D 3. B 4. C 5. B 6. C 7. A 8. D 9. D 10. A

## 二、填空题

1.《聊斋志异》作品属于________体裁,作者是________。

2.《红楼梦》中被描写成“白玉为堂金作马”的是________,“珍珠如土金如铁”的是________。

【解析】两句完整的话为“贾不假,白玉为堂金作马”“丰年好大雪,珍珠如土金如铁”。

3.《红楼梦》插曲《枉凝眉》中“阆苑仙葩”指的是________。

4. 蒲松龄的《聊斋志异》和曹雪芹的________,堪称中国古典小说创作上的“双璧”。

5.“世事洞明皆学问,人情练达即文章”选自四大名著________。

6.“ ________,一把辛酸泪。都云作者痴,谁解其中味”是《红楼梦》的开卷诗。

7. 鲁迅先生曾经议论我国某部文学著作:“单是命意,就因读者的眼光而有种种:经学家看见《易》,道学家看见淫,才子看见缠绵,革命家看见排满,流言家看见宫闱秘事。”这部著作是我国古代四大名著之一的________。

【答案】

1. 志怪小说 蒲松龄 2. 贾家 薛家 3. 林黛玉 4.《红楼梦》 5.《红楼梦》 6. 满纸荒唐言 7.《红楼梦》

## 三、名词解释

### 1.《儒林外史》

答:《儒林外史》由清代吴敬梓编著,是中国文学史上一部杰出的现实主义讽刺小说。小说运用讽刺文学的手法,对当时传统社会的科举制度和“吃人”的礼教,以及官僚政治、社会风气、人伦关系、风俗习惯等,进行了无情的抨击和揭露。书中的主要人物有周进、范进、严贡生、杜少卿、沈琼枝等。

### 2.《红楼梦》

答:《红楼梦》为四大名著之首,中国古典小说巅峰之作,中国封建社会的百科全书,传统文化的集大成者。前八十回由曹雪芹著,后四十回一般认为由高鹗所续。小说以荣国府的日常生活为中心,以宝玉、黛玉、宝钗的爱情婚姻悲剧及大观园中的点滴琐事为主线,以金陵贵族名门贾、王、薛、史四大家族由鼎盛走向衰亡的历史为暗线,揭示了腐朽的封建统治阶级和封建制度行将崩溃的必然趋势,塑造了一系列贵族、平民、奴隶出身的女子的悲剧形象,以及一些贵族的叛逆者,体现出追求个性自由的早期民主思想的萌芽。本书是一部具有高度思想性和艺术性的伟大作品,影响巨大,模仿之作和后续之作历久不绝。

## 四、简答题

**1. 简述《红楼梦》的艺术成就。**

**答:**《红楼梦》是一部天才的、精心构撰的巨作。“字字看来皆是血,十年辛苦不寻常”,在艺术上,它达到了中国小说前所未有的高峰,其艺术成就主要有如下几点:

第一,借助大量平淡琐细的日常生活描写,塑造了具有典型意义的血肉饱满的艺术形象。《红楼梦》中共有四百多个人物,其中不但有贾宝玉、林黛玉、薛宝钗、王熙凤这样具有极高创作水平的艺术典型,而且有很多次要人物都能给人留下深刻印象。小说最突出的成就是善于将人物的精神面貌和性格特征贯穿在日常的言笑动作、表情姿态和内心活动中,绘声绘形,精妙传神。

第二,《红楼梦》反映的生活真实自然,浑然天成,不像之前的小说那样为强调传奇性和情节的紧张,夸大人物的特异行为和惊人的场面。书中的内容好像没有经过人为的加工和剪裁,除了通灵宝玉、空空道人这些虚幻的成分以外,生活仿佛就按它本来的样子自然地流进书里。因此小说不以曲折奇特的情节取胜,而大都是家长里短的细节描写,但能在平常的生活中显示出深刻的意蕴。

《红楼梦》的艺术结构正与其反映的生活内容紧密契合,众多的人物和纷繁的生活场面是穿插交错在一起描写的,人物的关系、情节的发展,就像一道道波浪相接、层层起伏的流水,只见其流动而不见其停滞、中断或弥合之处。这种结构与《三国演义》《水浒传》等主要是各个重要人物或历史事件的串联完全不同,它表现的生活是一个互相联系、不可分割的整体,而不是可以分拆开来的一个个独立的小故事。小说中千头万绪、错综复杂的生活事件背后都有其来龙去脉,每个人物和每个情节都是作为一个复杂整体的组成部分而存在的,同时又随着全书内容的不断丰富而添出很多枝叶。即使如此,全书仍然条理分明,结构严密,主要线索十分清晰。

另外,《红楼梦》的人物语言极富个性化,上自贾母,下至丫鬟,每个人物的只言片语,都能做到闻其声如见其面。刻画人物的叙述语言和描写语言则完全合乎人物本色。许多环境描写更是简练优美,含蓄隽永。全书语言以北方话为基础,大量吸取生活口语,又融入中国古典诗词的意境,纯净明快,洗练畅达,文采斐然,耐人寻味,达到了炉火纯青的境界。

**2.请评论一个《红楼梦》中的人物形象。**

**答:**《红楼梦》中人物众多,人物形象也异彩纷呈,在众多人物中,林黛玉是精神生活最为丰富的一个。她不像薛宝钗那样善于藏敛克制,权衡人情世故,她更多是任性而行、任情而发,她把当时被视为淫词邪说的《西厢记》和《牡丹亭》记得烂熟。她的才学、智慧和纯洁的本质使她和周围环境格格不入,因而也多了几分率真和可人。

林黛玉忧愁多思,弱柳扶风,同时喜爱诗书,颇有咏絮之才,具有诗人的特质,在诗书上表现出了极大的热情及才华。她注重灵性生活,和宝钗的藏愚守拙、压抑情感形成强烈对比。

林黛玉执着地追求爱情,十分珍惜与宝玉之间的挚爱真情。林黛玉作为贾宝玉的知己,向这个封建家族的逆子奉献出纯洁的爱情,在实际行动上背离了封建礼教对妇道的规定。但这种纯真的爱情脱离了封建秩序的轨道,得不到正常的发展,最终必然会被封建家长所摧毁。她在临死前焚毁诗稿和诗帕的行动,是她唯一能采取的反抗方式。要求爱情婚姻自主,虽然在中国古典文学中已有古老的传统,但宝黛的爱情基础不是郎才女貌,而是叛逆思想一致、人生志趣相投,因此这是一种志同道合的知己之爱。

林黛玉是全书中的第一女主人公,在家族衰败的背景下,她的人生和爱情注定充满悲剧,她以死向这个黑暗的社会做了最后的反抗,在她身上表现出一种女性思想意识的萌芽。

# 第二十八章 近代文学

## 第一部分 考点归纳

### 第一节 近代诗文

从 1840 年鸦片战争爆发到 1911 年辛亥革命结束帝制，中国历史进入了近代。

#### 一、龚自珍 ★★

龚自珍，著名的思想家和文学家，提倡学问要“经世致用”，是近代改良思想最早的启蒙者，著有《龚自珍全集》。

诗歌代表作是《己亥杂诗》，共 315 首，均为七言绝句。这组诗回顾作者生平抱负、交游和治学道路，表达了对国事的关注，其中最有思想价值的是对时政的抨击和思考。

#### 二、黄遵宪 ★

黄遵宪，著名诗人，主张变法图强，和梁启超一起创办《时务报》，宣传维新思想。著有《人境庐诗草》，其诗歌充满爱国热情。

#### 三、梁启超 ★★★

梁启超，创办《时务报》，文学改良的积极提倡者，提出“诗界革命”“小说界革命”“文界革命”等口号,著有《饮冰室合集》。

在创作上,梁启超的散文多为报刊政论,观点新颖,在当时影响很大,形成了“报章体”,如《少年中国说》。

### 四、秋瑾 ★

秋瑾,创办《中国女报》,其诗词遗作为《秋瑾集》。

### 五、同光体 ★

“同光体”是近代诗坛上影响最大的诗派,“同”指同治,“光”指光绪,主要开派作者有沈曾植、陈三立、陈衍、郑孝胥等,后继者有夏敬观、王易等诗人学者。

同光体的主要特点是提倡学宋诗,也学中唐的韩愈、孟郊和柳宗元。

### 六、南社 ★

南社是清末民初由柳亚子、陈去病、高旭等发起的一个革命文学团体,建社的宗旨是呼唤国魂,提倡民族气节,反对清朝统治,支持民族民主革命。

作品有柳亚子的《磨剑室诗词集》《磨剑室文集》、苏曼殊的《曼殊全集》等。

## 第二节 近代讽刺小说

### 一、镜花缘 ★

《镜花缘》,作者李汝珍,全书共一百回。

小说的艺术表现颇有特色,关于海外各国的奇想应是在先秦道家代表人物列子想象基础上的发挥,但以夸张各国人外形举止、风俗习惯的某一方面,来对应晚清社会现实中的各种人情世态,则是作者独到的创新。

### 二、晚清四大谴责小说 ★★

晚清四大谴责小说包括李伯元的《官场现形记》、吴趼人的《二十年目睹之怪现状》、刘鹗的《老残游记》以及曾朴的《孽海花》。

(1)李伯元的《官场现形记》，对清朝官场腐朽本质的解剖极为犀利，继承和发挥了《儒林外史》的讽刺艺术。

(2)吴趼人的《二十年目睹之怪现状》，以清末二十年为背景，包括中法甲申战争和中日甲午战争的两次大败，在更为深广的层面上揭开了清廷国防虚弱、军政腐败的黑幕；书中对上海十里洋场的描写在以前的小说中也是罕见的。

(3)刘鹗的《老残游记》，采用游记体，写一个摇串铃的江湖医生老残在山东行医途中的所见所闻。小说讽刺的重点同样是官场黑暗，但又自有创新。

(4)曾朴的《孽海花》，虽然也以批判官场的腐败为主要内容，但作者讽刺的对象是达官名士精神世界的颓废。作者支持清末民主革命和民族革命的态度鲜明，思想高度超出其他三部。

# 第二部分　课后习题详解

**1.龚自珍的《己亥杂诗》在近代诗坛上有何特殊意义？**

**答：**龚自珍的诗歌代表作是《己亥杂诗》，共315首，全部作于道光十九年辞官南归途中，均为七言绝句。这组诗回顾自己的生平抱负、交游和治学道路，表达了他对国事的关注，其中最有思想价值的是对时政的抨击和思考。不少诗即景托喻，寓意深刻。如其五：

浩荡离愁白日斜，吟鞭东指即天涯。落红不是无情物，化作春泥更护花。

诗人在夕阳西下时辞别京城，怀着浩荡无涯的离愁，策马向东而行。正当四月，落红满地，触动诗人的却不是落花无情的春愁，而是落花可以化作春泥护育新花生长的联想。这一新颖的比兴，正体现了诗人愿为扶助新生事物而贡献一切的无私胸怀。又如其一百二十五：

九州生气恃风雷，万马齐喑究可哀。我劝天公重抖擞，不拘一格降人材。

这首诗末作者自注，经过镇江时见当地正举行“赛玉皇及风神、雷神”的祭祀，有上万人到祠中祷告。诗人借此发挥，呼唤天公降生不受传统禁锢的人才，在死气沉沉的九州大地上掀起改革的风雷。这振聋发聩的呐喊，只能发自改革的先行者，因而成为近代诗歌中风格最为奇警的名作。

**2.试述《孽海花》的思想价值。**

**答:**《孽海花》围绕着同治五年的状元金雯青和他娶的名妓傅彩花的大半生经历展开,以男主角在官场、文场的交游以及他出使德国和俄国的过程为线索,先后呈现洋务派的流行、改良派的兴起、革命派的初露头角,戊戌变法和中法、中日战争的失败等一系列重大政治事件,概括了从同治年起到甲午海战约三十年的历史。作者的视野还拓展到国外,关注到德国、俄国的政治风云,日本革命者和俄国虚无主义者革命运动的状况,提及赫尔岑、车尔尼雪夫斯基、托尔斯泰等伟大俄罗斯作家的名字及其与俄国革命运动的关系,传扬了"天赋人权、万物平等"的民主启蒙思想,表现出超越时人的胆识。

作者能从批判君主专制着眼,直指中国历代帝王的昏暴,并借书中人物之口明确表示反对"专制政体",甚至提出"从前的革命,扑了专制政府,又添一个专制政府;现在的革命,要组织我黄帝子孙民族共和的政府"。正因如此,作者支持清末民主革命和民族革命的态度十分鲜明,并塑造了孙中山、陈千秋等革命者的正面形象,思想高度远远超出其他三部谴责小说。

# 第三部分　典型习题详解

## 一、选择题

1. 晚清小说《官场现形记》的作者是(　　)。

A. 李伯元　　B. 吴敬梓　　C. 冯梦龙　　D. 蒲松龄

2. 晚清小说《老残游记》的作者是(　　)。

A. 冯梦龙　　B. 吴敬梓　　C. 刘鹗　　D. 蒲松龄

**【答案】**

1. A　2. C

## 二、填空题

1. 龚自珍《己亥杂诗·其五》的前两句是__________,__________。

2. 我劝天公重抖擞,________。

3. 中国近代四大谴责小说指吴趼人的________、李伯元的________、刘鹗的________和曾朴的《孽海花》。

4. 中国近代思想家、教育家、政治家，曾倡导文体改良的“诗界革命”和“小说界革命”的是________，著有《饮冰室合集》。

5. 我国第一部较完整的世界地理书是________，其作者是________。《少年中国说》的作者是________。

6. 1909 年成立于苏州的________，是清末民初一个活跃的革命文学团体。

**【答案】**

1. 浩荡离愁白日斜　吟鞭东指即天涯　2. 不拘一格降人材　3.《二十年目睹之怪现状》《官场现形记》《老残游记》　4. 梁启超　5.《海国图志》　魏源　梁启超　6. 南社

## 三、简答题

**简述“诗界革命”。**

**答：**(1)诗界革命的概念

诗界革命是近代文学史上的诗歌改良运动，是资产阶级改良运动的有机组成部分。在戊戌变法前，随着资产阶级改良运动的高涨，梁启超、夏曾佑、谭嗣同等人提出“诗界革命”的口号，并试作新诗，但这时只不过在诗句里运用些新名词，还没有真正从诗的思想内容和艺术形式上去进行革新。

①在“诗界革命”运动中，成就最高的是黄遵宪，作为诗界革命的旗帜，他提出“我手写我口”，要求诗歌反映现实生活和斗争，在表现方法上主张利用古人的优良艺术传统，并结合新事物，利用新语言。

②戊戌变法失败后，梁启超在日本继续鼓吹“诗界革命”，他批判“以堆积满纸新名词为革命”的诗风，提出“能以旧风格含新意境，斯可以举革命之实矣”，力求解决诗歌为改良运动服务的问题。

(2)诗界革命进步性与局限性

①进步性

诗界革命冲击了长期统治诗坛的拟古主义、形式主义倾向，要求作家努力反映新的时代和新的思想，部分新体诗语言趋于通俗，不受旧体格律束缚，这些在当时起到了解放诗歌表现力的作用。

诗界革命的作者都不同程度地要求取法西方。这一时期，民间歌谣体也得到了一定程度的改造和利用。后期诗界革命更是要求“以旧风格含新意境”,有一定的突破性和创新性。

②局限性

梁启超等强调保持旧风格,这就束缚了手脚,只是旧瓶装新酒,在中国古典诗歌的改革上虽有进步,却进步不大。

随着改良派政治上的堕落,诗界革命的旗帜逐渐收起。资产阶级革命派和改良派政治上对立,他们中部分人接受过诗界革命影响,但不愿意明确地以诗界革命相号召,有的人则企图“别创一宗”,于是诗界革命很快衰落,乃至销声匿迹。